领导者的备忘录

（10周年纪念版）

[美] 迈克尔·尤西姆（Michael Useem）著

赵倩 译

THE

LEADER'S CHECKLIST

10TH ANNIVERSARY EDITION:
16 MISSION-CRITICAL PRINCIPLES

中国科学技术出版社

·北　京·

Simplified Chinese translation copyright by China Science and Technology Press Co., Ltd.
© 2021, 2011 by Michael Useem
First published in the United States by Wharton School Press
北京市版权局著作权合同登记　图字：01-2022-5111。

图书在版编目（CIP）数据

领导者的备忘录：10 周年纪念版 /（美）迈克尔·尤西姆（Michael Useem）著；赵倩译 . — 北京：中国科学技术出版社，2023.6

书名原文：The Leader's Checklist, 10th Anniversary Edition: 16 Mission-Critical Principles

ISBN 978-7-5236-0005-4

Ⅰ . ①领… Ⅱ . ①迈… ②赵… Ⅲ . ①企业领导学 Ⅳ . ① F272.91

中国国家版本馆 CIP 数据核字（2023）第 068016 号

策划编辑	褚福祎	责任编辑	褚福祎
封面设计	马筱琨	版式设计	蚂蚁设计
责任校对	吕传新	责任印制	李晓霖

出　　版	中国科学技术出版社
发　　行	中国科学技术出版社有限公司发行部
地　　址	北京市海淀区中关村南大街 16 号
邮　　编	100081
发行电话	010-62173865
传　　真	010-62173081
网　　址	http://www.cspbooks.com.cn

开　　本	787mm×1092mm　1/32
字　　数	72 千字
印　　张	6
版　　次	2023 年 6 月第 1 版
印　　次	2023 年 6 月第 1 次印刷
印　　刷	河北鹏润印刷有限公司
书　　号	ISBN 978-7-5236-0005-4/F・1140
定　　价	59.00 元

（凡购买本社图书，如有缺页、倒页、脱页者，本社发行部负责调换）

前言

为什么领导者需要备忘录

一位公司主管向公司各级管理者简要介绍了来年的计划，其中包括新品的发布、解决分析师担忧的问题和应对流行病的冲击。事实证明，这次展示很有吸引力，并且振奋人心，然而奇怪的是，这一刻却令人感到不够完整，像是错失了一个机会。

无论是线下还是线上，这样的简介会议都很难增加下级管理者们对公司主管的了解。下级管理者不知道公司主管对他们的整体看法以及对他们个人的期望，更糟糕的是，他们听到了很多有关当下的战术，却很少听到他们未来要实现的长期目标以及实现这些目标的策略。公司主管仿佛在将几股重要的线纺织成一块布，但这远远不足以做成一件完整的衣服。

听起来是不是很熟悉？因为这种情况经常发生。对美国和其他国家的领导力发展研究已经证实，在不同地方、不同语言环境中，人们总会召开这样的会议，这个发现令人惊愕，其根本原因往往只是经验或准备不足。高效领导力是一种通过实践、经验和训练获得的综合性技能，也是一种可以通过学习掌握的能力。

飞行员和外科医生都有自己的关键事项备忘录，领导者也可以像他们一样，建立和掌握自己的备忘录，以减少在通常情况下经常出现的领导失误，在危机之中，备忘录更能起积极作用。

这就是我最初写本书的原因，现在我带来了最新的10周年纪念版[1]。从沃顿商学院出版社首次出版本书至我写此前言之时，已经过去了10个年头，

---

[1] 本书的英文原书为10周年纪念版。——编者注

真是难以置信。10年间，人们始终对"领导者的备忘录"这个概念抱有浓厚的兴趣。在本书首次出版1周后，出版社向所有零售商免费提供了本书的电子版，读者下载量达到3万多次。本书被《华盛顿邮报》(Washington Post)评为"年度最佳领导力图书"，并被翻译为中文、韩文和葡萄牙文出版。

本书出版至今，已有数十位管理者告诉我，这本书帮助他们在职业生涯中坚持自己的领导原则，并依据这些原则应对其所处时代的紧急情况。联合国和世界经济论坛等国际组织，中国和印度等国家，万事达（Mastercard）、美敦力①（Medtronic）、谷歌和网飞（Netflix）以及来自世界各地的企业管理者

---

① 美敦力一般指美国美敦力公司。美国美敦力公司（Medtronic, Inc.）成立于1949年，总部位于美国明尼苏达州明尼阿波利斯市，是全球领先的医疗科技公司，致力于为慢性疾病患者提供终身的治疗方案。——编者注

都向我反馈了他们认为需要进一步强调、完善，甚至添加或删除的领导者原则，此外他们还提供了一些切中要害的针对性意见。这些反馈让我更加确信，本书介绍的几大原则不受时间和空间的限制，但与所有的商业条件一样，应用这些原则的特定环境总是不断发生变化，因此这些原则也要随之进行微调。

与其他经管类图书的作者一样，我也希望自己所写的内容不仅适用于一帆风顺的繁荣年代，也能帮助人们度过领导力备受考验的困难时期。一位来自美国大公司的管理者来信说，他所在的公司制定了一项重要的商业战略，打算退出其在 10 年来一直占据优势的市场，本书中的内容帮助他度过了这一艰难的阶段：

我负责公司的出口业务。近 1 年来，公司已经进入过渡阶段，这个阶段可能还会持续 2 年半。受

前言

到这项变革影响的员工前后加起来共有1500多人。

上级领导团队要留住员工,并指导他们继续应对客户需求,同时逐步结束业务。在此期间,领导团队不断面对挑战。一眨眼的工夫,1年过去了,员工们发现自己的工作正在发生变化,领导者也在变化,同样改变的还有他们周围的环境。过去他们要持续关注业务,现在他们的关注点变成了必须削减的线下开支。因此,领导者必须尽快调整他们的领导方式。

在过去的工作中,我经历过业务剥离与清盘,知道有一些陷阱可能会随之而来。作为项目负责人,我做好了充分的准备,以应对人员和财务上可能出现的最坏情况。但这一次退市却取得了显著的效果。虽然战略制定得略显仓促,参考信息也十分有限,但我们的计划已经完成了几个百分点,所有财务指标均已达标,甚至超额完成任务,最重要的是,员工满意度和参与度也显著提高。

▶ **领导者的备忘录（10周年纪念版）**

领导者们实践了你提出的多条核心原则，取得了惊人的成效。当时，他们之所以选择实践这些原则，并非因为了解这份领导者的备忘录，而是因为其中的这些原则对员工和公司管理有利。而且我还发现，在阅读本书的过程中，我经常对其中的内容点头称赞，因为我每天都会遇到需要在困难情况下采取高效领导行动的真实情况。

在本纪念版中，我会在老版的基础上进行拓展和完善，阐述一套经过时间考验的重要的领导原则，不可思议的是，它们几乎适用于所有的公司、国家或时代。总之，无论什么样的公司，无论在什么国家或年代，这些原则都能为我们提供一个行动模板。

此外，我也要向读者们介绍全新的第16条原则：像首席执行官一样思考。即使你还没有正式或完全接管一个组织，也要根据组织对领导者的期望开展工作。它与其他原则一样具有普适性。我们将在一位制造业高管的升迁过程中看到这条原则的作用,在该公司的董事长看来,这位高管在成为首席执行官之前,就已经开始像首席执行官那样进行思考了。

在第一部分和第二部分中,我提出了16条原则——它们共同构成了领导者的备忘录,并探讨了这些原则在不同环境中的作用,比如华尔街的公司决策、美国内战期间的领导者决策、在国际关注的目光下进行的大胆救援、对陷入困境的公司进行重组以及打入"超级碗"比赛(Super Bowl)的费城老鹰队[①](Philadelphia Eagles)。我将指导读者定制和应用自己的备忘录。此外,我也会简要介绍我们可以从繁荣年代与危机年代中吸取的经验教训,例如新冠肺炎疫情,面对这场全球危机,几乎每一家公司

---

① 美国橄榄球联盟在宾夕法尼亚州费城的一支球队。——编者注

的领导者都必须做出应对之策。

在第三部分中，我将介绍如何为自己的公司建立备忘录，如何根据实际情况应用和调整这些原则。最后我会总结一份使用说明，帮助你做好准备，应用这些原则。

用实践检验你的领导原则，然后对其进行发展和完善，这是一个至关重要的过程。领导力可以通过反复实践和积累经验而不断提升。尝试应用你的领导者的备忘录，并在实践中不断加以调整，这是一个重要的学习过程，可以确保你的领导原则与时俱进、保持完整，并且能够有针对性地应对眼下的挑战。

如果你自己与公司的勇气正在经受动荡的市场的考验或成长之痛，我希望本书也能帮你找到应对之道。现在，让我们一起来看看这 16 条原则，它将为我们提供一个行动模板。

目录

第一部分　建立你的个人备忘录　001

第一章　建立备忘录　003

第二章　备忘录中的原则　013

第三章　定制备忘录　023

第四章　检验备忘录　039

第五章　应用备忘录　042

第六章　调整备忘录　055

第二部分　运用领导者的备忘录　059

第七章　失败的领导者案例　061

第八章　成功的领导者案例　070

第九章　易被忽视的领导原则　081

第十章　领导者如何面对挑战　085

第十一章　像首席执行官一样思考　093

第三部分　与团队相关的备忘录　　　　　　　　107

第十二章　团队领导者的备忘录　　109

第十三章　团队型组织的备忘录　　113

第十四章　董事备忘录　　128

第十五章　总结　　148

参考文献　　157

致谢　　177

第一部分

建立你的个人备忘录

第一章　建立备忘录

设想这样一个情境：4个多月前，你还在一家私营企业工作，有人邀请你加入一个新成立的国家政府。原本你一直在从事零售业工作，现在，你将负责监管国家矿业。正当你在国外出差，卖力工作的时候，从国内传来矿难的消息——矿井深处塌方，伤亡人数不详，30多人失踪。

或者想象一下这样的情况：几十年来，你的金融服务公司一直平稳运行，不仅收益一路飙升，还赢得了宝贵的AAA信用评级，同时打造了一台非凡的"财富引擎"：一个规模不大但收益丰厚的子公司负责承保债务违约业务，包括次级抵押贷款。这样看来，公司似乎可以永葆繁荣。但突然之间，市场出现内爆，次级抵押贷款违约率大幅上升，一家家投资银行倒闭。你的 AAA 信用评级降至 AA，然后又滑落至 A-。由于信用评级下降，你需要拿出价值数十亿美元的抵押品，但你根本没有这么多。你的这艘金融船即将驶向瀑布，而居于舵手之位的你似乎无能为力。

或者再想象一个场景：经过 4 年的战争，超过 70 万人伤亡，敌人终于投降了。指挥官命令你负责这场战争的高潮时刻：正式接受敌方核心军队的投降。整个仪式的基调和程序全都由你负责。

再设想一种情况：一家工业制造商被拆分为 3 个实体，其董事长让身为首席财务官的你来领导其中 1 个实体。以前你只需要负责母公司的财务状况，现在你要对子公司的一切负责——从工厂运营和产品营销，到人力资源和管理实践。更棘手的是，这家公司还面临石棉赔偿责任①，困难重重，而且员工缺乏凝聚力。你是否做好准备扭转局面并掌控一切？

当然，上述所有情况并非虚构。智利共和国矿业部长劳伦斯·戈尔本（Laurence Golborne）刚上任之时，一次在厄瓜多尔访问期间，收到身在圣地亚哥的参谋长给他发来的一条紧急短讯："科皮亚波（Copiapó）矿井塌方，33人被困。"28小时后，戈尔本于凌晨3：30抵达位于智利北部阿塔卡马沙漠（Atacama Desert）的矿难现场。很快，全球数亿人目睹了史上最伟大的矿难救援行动之一。

和智利的矿工一样，美国国际集团（AIG）——一个曾经的金融服务业巨头——最终也通过政府帮助获救。当该集团深度投资的次级抵押贷款市场开

---

① 石棉赔偿责任是指公司要对工人因接触石棉而造成的伤害承担法律责任。——译者注

始崩溃时，集团高管几乎没有采取任何补救措施。他们对导致全球金融危机爆发的动荡事件毫无反应，使得公司深受其影响。美国国际集团曾被视为"大到不能倒"，现在它几乎恶化到了无药可救的地步。

美国南北战争时期，联邦军指挥官尤里西斯·辛普森·格兰特（Ulysses Simpson Grant）将一项历史性的任务交给军官约书亚·劳伦斯·张伯伦（Joshua Lawrence Chamberlain）——在弗吉尼亚州阿波马托克斯（Appomattox）接受南方军总司令罗伯特·爱德华·李（Robert Edward Lee）的投降。张伯伦会怎样做？鉴于他们之间长达 4 年的致命冲突，人们以为他会在仪式上羞辱南方军，然而事实正相反，张伯伦向对方致敬，并启动了一个有助于重新实现国家统一的恢复程序。

前文第四种情况里的主人公是国际电话电报公司（ITT）的首席财务官丹尼斯·拉莫斯（Denise

Ramos）。在公司的董事长看来，她领先一步，因为她能够像总负责人那样思考和行动——在正式接管全部业务之前，她已经承担起了全部责任。在接管子公司的头几年内，她对业务结构进行了调整，使其领先于市场上的其他公司。用一位股票分析师的话来说，她使该公司进入了"非常健康"的状态。

面对历史性的时刻，上述领导者中有3位都做好了充分准备，而另一位显然准备不足。可以肯定的是，很少有人能有机会在如此严峻的环境下考验自己的领导力。但是，我们都可以并且也应该做好准备，以应对那些对企业来说是转折点的危机。因此我们需要思考：戈尔本、张伯伦和拉莫斯为什么能够成功地应对挑战？而美国国际集团的高管为什么没有采取预防危机的措施或进行自救？绝大部分领导者也许永远都不会遇到如戈尔本、张伯伦和拉莫斯面对的那些巨大危机一样的危机，但他们一定需要面对令自己却步的艰难险阻，那么他们能否学习、掌握并应用这3人的技能？

本书的核心前提是，我们每个人都应该对上述问题做出肯定的回答。我相信每个公司或团队的负责人都能够掌握可以应对挑战的高效领导力。因此我在本书中详细介绍了一份重要的备忘录，并对其进行大力推广。这是一套具有重要影响的领导原则，其有效性已在实践中得到了充分检验。

我们将看到的"领导者的备忘录"由一系列原则组成，它们适用于大多数领导者、事业与环境。由于领导角色的多样性，这套方法不可能完全适合所有人，但此备忘录及其组成部分可以帮助你指导自己的公司或团队做好准备，使你的公司或团队既能在繁荣年代迅速成长，又能坦然应对最糟糕的情况——即使你可能永远不必面对后者（那真是谢天谢地）。

确立备忘录

为了确立领导者的备忘录,我不仅利用了自己的研究经验,还参考了一系列调查人员、思想家和从业者的研究成果。我与亚洲、欧洲、北美洲和南美洲的数百名管理者一起工作,也采访了许多来自不同国家的管理者,并目睹了管理者在一系列危急时刻下的举措,最后我得出结论,他们的思维和经验都体现了关键的领导原则,这些原则在不同公司或国家之间几乎没有差异(见致谢)。

通过阅读我也发现,领导工作与其他许多事情一样,精髓是简洁。但备忘录也不能过于简陋。爱因斯坦曾说过,现代物理学的追求是使一切尽可能简单——但不能过于简单。同样,领导者的备忘录也要在尽可能简明扼要的情况下保证最佳的效果。

我本人参与过许多领导力项目,它们对我确定这些领导原则发挥了重要的作用。例如，我询问过许多管理者，他们会如何领导下属，为了检验这些想法，我经常让管理者站在领导者立场上去想象一个极具挑战性的时刻。我会引导他们从经验出发，总结出实用的知识，从而得出能够在这种时刻有效发挥领导力的必要条件。

国际商业机器公司（简称 IBM）的首席执行官弗吉尼亚·罗梅蒂（Virginia Rometty）就曾面对过这样一个时刻。当时她以 340 亿美元的价格收购了混合云计算公司红帽公司（Red Hat）。她解释说："现在大多数公司在云计算的道路上只走了 20%。"她租用算力是为了"降低成本"。她还说："剩下的 80% 是释放真正的业务价值并推动增长，这需要将商业应用程序转移到混合云上，并提取更多数据，优化企业的每一部分。"另一方面，红帽公司的首席执行官詹姆斯·怀特赫斯特（James Whitehurst）解释说，他接受了IBM为此提出的建议,同时也没有放弃公司原有的特色:"与IBM的合作将扩大我们的规模、丰富我们的资源、提升我们的能力,同时也会保留我们独特的文化。"

根据协议,红帽公司将在IBM的混合云团队中独立运营,但怀特赫斯特会直接向IBM的首席执行官汇报工作。红帽公司仍然保留位于北卡罗来纳州的总部,它位于IBM总部以南600英里[①]的地方。在红帽公司的13 000名员工中,许多人对IBM的收购持怀疑态度,毕竟这家公司远在百里之外,公司文化也与他们大不相同,而且当时IBM在云计算这种那时的新兴技术领域几乎毫无影响力。在当时的云计算市场中,微软公司占市场份额的15%,亚马逊占34%,IBM仅占7%。

---

① 1英里约为1.61千米。——编者注

想象一下在完成收购几天后，罗梅蒂会见几名红帽公司的员工（他们现在归属于IBM）的场景。我会在聚会中邀请一位管理者扮演罗梅蒂，然后让其他人扮演这些心怀焦虑甚至不满的员工。在向扮演罗梅蒂的管理者提出了一系列问题之后，我询问参与者，如果他们要继续留在合并后的公司，并在未来几个月里充满热情地投入这家联合公司的建设和运营中，他们希望从这位新上司那里听到什么样的答案。

第二章　备忘录中的原则

这项实践体现了十几条领导原则，且无论是在高科技公司、投资银行还是在公共服务领域，无论是在繁荣时期还是在衰落时期，无论是在美国还是其他国家，这些原则都能发挥作用。

（1）阐述一种愿景。构想一个明确的、具有说服力的愿景，并向公司全体成员反复传达该愿景。

（2）进行战略性思考和行动。提出一种富有实效的战略，以实现短期愿景与长期愿景，同时要保证该战略已得到广泛理解。要考虑所有的参与者，在他们表明态度之前预见其反应与可能的抵触情绪。

（3）尊敬同一屋檐下的人。要经常对那些与你共事以及为你工作的人表达信任与支持。

（4）负责并领导变革。积极行动，即使尚未得到正式任命，也要承担起责任，特别是当你已经准备好有所作为的时候。

（5）果断行动。及时做出合理决策，并确保决策的执行。

（6）以有说服力的方式进行沟通。以令人难忘的方式进行沟通，简洁明了的表达方式将对你有所帮助。

（7）激励全体员工。了解员工的独特动机，然后根据不同的动机采取不同的激励方式，使每个人都能最大限度地发挥潜能。

（8）深入一线。除了战略决策以外，将其他权力下放，并拉近与直接参与公司业务的员工的距离。

（9）在他人中间建立领导力。在整个组织中建立领导力。

（10）维护关系。与你的下属建立持久的个人关系，并充分利用工作场所中的工作激情与其他积极的感情。

（11）确定对个人的影响。帮助每个人认识到愿景和战略可能对其工作与公司未来产生的影响。

（12）使他人了解你的品性。通过叙述和手势，确保其他人能够意识到你是一个真诚、正直的人。

（13）避免过度乐观与过度悲观。取得成功时不要骄傲自大，将注意力放在潜在威胁与尚未解决的问题上，预防不必要的风险。与此同时，在面对衰退与挫折时，也要有重整旗鼓的信心。

（14）打造一个多样化的卓越团队。领导者需要承担最终责任，但领导力的发挥离不开团队协作，一批能够共同解决所有重要挑战的成员团结在一起，领导力才能发挥最大作用。

（15）将共同利益放在首位。在制定战略、传达愿景、做出决策的时候，需要将共同目标与利益放在第一位，将个人利益放在最后一位。

（16）像首席执行官一样思考。努力领会公司的首席执行官——甚至一个国家的最高领导人——在那一刻对你的期望，并通过行动满足这种期望。

其他资料也证实了这些原则的地位，包括学者针对领导力特性的研究，独立第三方对领导力发展项目的评估以及来自领导者本人的报告。下面我将举例介绍这些用于佐证的信息。

原则1（阐述一种愿景）、原则2（进行战略性思考和行动）、原则3（尊敬同一屋檐下的人）

教育学家霍华德·加德纳（Howard Gardner）与

研究员艾玛·拉斯金（Emma Laskin）研究了部分20世纪杰出人物的相关历史资料，从纳尔逊·曼德拉和圣雄甘地，到撒切尔夫人，并总结出卓越领导力的共同特性，其中包括一些优秀的能力，即构建一个令人信服的变革愿景、设计实现该愿景的策略，并尊敬那些努力实现该愿景的追随者。

原则4（负责并领导变革）与原则5（果断行动）

美国海军陆战队军官候补生学校非常重视学生的责任与行动力。为了培养学生们在重压之下也能根据不够充分的信息迅速做出决策的能力，这些学生被要求学会适应一种"70%"的解决方案，而不是100%确定或达成100%共识；学会解释明确的目标，然后让下属去解决细节问题；学会容忍某些错误，前提是下一次的表现更加出色且同样的错误不会再犯第二次；将犹豫不决视为致命缺陷，它的后果比做出一个平庸的决定更加糟糕，因为就算做出一个平庸的决定，只要迅速执行，至少还有可以纠正的机会。同样，作为学者和大学管理者的沃伦·本尼斯（Warren Bennis）也得出结论：高效的领导者通常具备实现目标的坚定决心、信任他人并向他人传达乐观情绪的能力以及在模棱两可的情况下积极行动的果敢品质。

原则 6（以有说服力的方式进行沟通）

领导者本人的报告也是一个丰富的信息来源。很多领导者愿意分享自己在发挥领导力方面的成功或失败经历。其中难免有一些出于虚荣、自我推销或个人辩护的描述，但也不乏优秀的内容，为我们提供了许多来自一线领导者的有益见解。道恩·莱波雷（Dawn Lepore）是一家线上零售企业的首席执行官［该企业后被美国沃尔格林公司（Walgreens）收购］，她表示："虽然我可以接受模棱两可的情况，但是当你领导一家大型企业的时候，人们不会接受含糊不明的态度，他们希望你清楚正在发生的事情，并且想知道你将带领大家去哪里。因此，我必须更加清晰地传达我的想法。"互联网服务供应商雅虎公司初期的首席执行官卡罗尔·巴茨（Carol Bartz）表示，沟通必须是双向的。她认为倾听至关重要，但有时候并不容易做到："我有一个坏习惯是，每当你的问题讲到一半的时候，我就觉得自己已经了解了整个问题，然后就想给出答案。实际上，我要学会喘口气。我真的很想倾听。虽然我也想表达，但我必须先闭嘴。"

原则 7（激励全体员工）、原则 8（深入一线）、原则 9（在他人中间建立领导力）

彼得·德鲁克用了 60 多年的时间来研究管理实践，他认为高效的领导者能够把大部分工作委派给下属，但自己仍然掌握着对组织最有战略意义的工作。但高效的领导者经常会亲自访问工作一线，这让我们想起德鲁克曾就该主题写过的一篇论文，名为《被杀死的将军还不够多》(*Not Enough Generals Were Killed*)，文中提及第一次世界大战期间的陆军指挥官，他们命令士兵冒着生命危险进行壕沟战，自己却远离前线。诺尔·迪奇（Noel Tichy）是大学教授，也是通用电气公司领导力项目的负责人。他认为，建设员工队伍就是在整个组织中培养其他领导者。美国运通公司（American Express）、宝洁公司（P&G）和其他许多公司已经开展这类项目，并在实践中不断完善，以提升各级领导者的领导力。

原则 10（维护关系）、原则 11（确定对个人的影响）、原则 12（使他人了解你的品性）

弗朗西斯·赫塞尔本（Frances Hesselbein）曾领导美国女童子军十多年，她重视私人辅导的价值、提倡组织层级扁平化和听取不同意见。研究者丹尼尔·戈尔曼（Daniel Goleman）认为，对一个人来说，最重要的能力是非凡的自我意识、自我调节能力和同理心，它们综合起来就是他认为的"情商"。一个学术团队按照国家英文名首字母从 A 到 Z 的顺序，对从阿尔巴尼亚到津巴布韦的 62 个国家的金融服务、食品加工和电信行业的中层管理人员进行了研究，得出此结论：领导者应该避免专制、以自我为中心和急躁易怒。

原则 13（避免过度乐观与过度悲观）、原则 14（打造一个多样化的卓越团队）、原则 15（将共同利益放在首位）、原则 16（像首席执行官一样思考）

我将在后文中分享能够着重说明这 4 条原则的价值的资料。

第三章　定制备忘录

第二章中的 16 条原则为形成领导力奠定了坚实的基础，适用于多数情况下的多数组织。但"多数"并不代表全部。在不同的时代和背景下，我们需要定制适合实际情况的领导者的备忘录。其中需要考虑的最重要的因素是公司、角色、地区、时机、阶段与个人定位。

公司

每个组织所需要的领导者的备忘录包含的原则都有部分差异。近年来，许多大企业都定制了自己的领导者的备忘录。例如，据熟悉通用电气公司的人透露，该公司的领导者的备忘录包括教他人如何领导其所在部门、围绕绩效做出艰难的——往往令人痛苦的——人事决定以及持续创新。谷歌的领导者的备忘录更加重视个人的创造性、保持小规模的团队，并以平稳持续的方式指导他人。一家大型的专业服务公司的领导者的备忘录还需要包含其管理者需要具备的一些特殊能力，如站在客户的视角看待问题、与客户互动，引导客户进行非传统性思考等。

角色

不同的管理职位需要在领导者的备忘录的核心原则中添加一些特殊内容。在研究公司高管与机构投资者的合作与矛盾时，我采访了100多位高管和投资者，发现了1条针对主要管理者的特殊要求，那就是与最大的投资者建立个人关系、提出令人信服的公司未来愿景、提供有说服力的战略和可预测的盈利增长。在针对公司董事的另一项研究中，我和同事发现，许多董事非常重视与管理层的合作（而不仅是监督），明确区分由董事会决议的事项与可以委托给管理层决策的事项，并积极参与制定公司战略。

因此，首席执行官的领导者的备忘录需要包括与投资者建立关系、提供有说服力的案例、说明公司如何创造股东价值并实现季度收益和年度收益的稳定增长。相比之下，公司董事的领导者的备忘录需要包括拥有监督公司高管并与之合作的能力、指导公司战略的制定与实施，并明确区分董事会保留权力的事项与下放权力的事项。

地区

不同的国家和地区也需要有针对性的领导原则。不同国家的需求会有不同。一项对 67 个国家中的领导者不同领导风格的研究可以证明这一点。美国等国家的领导者重视与他人的合作,而不仅是指导他人工作。相比之下,某些亚洲国家的领导者更重视间接的沟通方式。

为了确定针对印度大型企业的领导者原则,我与 3 位同事采访了来自印度 150 家大型上市公司的 100 位高管,其中包括著名的印孚瑟斯技术有限公司(Infosys)、瑞来斯实业公司(Reliance)和塔塔集团(Tata Group)。采访对象中包括塔塔父子有限公司(Tata Sons)的执行董事 R. 戈帕拉克里希南(R. Gopalakrishnan)。该公司由塔塔集团控股,是印度市值最大的公司,它的业务涉及汽车、通信、咨询、酒店、电力、钢铁和茶叶等。戈帕拉克里希南管理着 30 万余名员工，公司收入约占印度国内生产总值（GDP）的 3%。他凭借自身经验告诉我们，像他这样的印度高管在采用了西方的领导原则经营企业时也在管理方式中融入了显著的印度特色。

戈帕拉克里希南解释道："对于印度的管理者来说，他的思维传统，即'y 轴'，具有英美特色，但他的行动路线，即'x 轴'，体现了印度人的精神特质……许多外国人来到印度，与印度的管理者交谈，发现他们非常善于表达、有很强的分析能力、头脑聪明、理解力强。但是他们弄不明白，为什么印度的管理者无法根据分析的结果行事。"他总结道："这是因为印度的企业领导者用英美人的思维思考，却以印度人的方式采取行动。"

虽然美国和印度的 16 项核心领导原则基本相同——两国的公司高管都强调战略与员工激励，这

2方面都在"y轴"上——但我们的研究表明,印度的企业领导者在"x轴"上增加了4项原则,在这片"领导力大陆"上形成了一种具有印度风格的领导力。

具有印度风格的领导力

- **积极接触员工。** 印度的公司领导者将公司视为一个有机体,在这里,维持员工士气、建立企业文化都是领导者的重要责任。人力被视为一种有待开发的资产,而不是需要削减的成本。

- **随机应变与适应性。** 随机应变也是"具有印度风格的领导力"的核心之一。在一个资源匮乏、充满繁文缛节,同时复杂多变的环境中,公司领导者需要学会依靠自己的智慧来规避障碍。

- **创造性的价值主张。** 考虑到巨大且竞争激烈的国内市场,印度的公司领导者必须学会提出新的价值主张，以高效的方式满足挑剔但选择有限的消费者的需求。

- *广泛的使命和宗旨。*印度的公司领导者特别重视个人价值、发展愿景与战略思维。他们不仅会为公司的成功感到骄傲，也会因家族繁荣、地区发展和民族复兴而自豪。

我们对中国的公司领导者也进行了类似的研究，采访了 72 位来自大型企业的主要管理者和董事。通过对这些领导者及其所在公司的研究，我们总结出了具有中国风格的 5 项独特的领导原则。

具有中国风格的领导原则

- 始终愿意接受不确定性。
- 利用商业机会获利。
- 自信、乐观，重视行动。

- 在实现公司目标与使命的过程中始终抱有耐心、坚持不懈,且充满热情。
- 从自身经验中学习领导策略。

时机

在一些特殊的时刻,我们也需要定制领导者的备忘录。在变革期与稳定期,领导者的重点不可能完全一致。在困难时期和繁荣时期,领导者的必备技能也有所不同。

例如,学者约翰·科特(John Kotter)和顾问丹·科恩(Dan Cohen)提供了一套针对组织变革的8步领导模板——对领导变革的人来说,接受这些领导原则是一种明智的做法,其中包括提出令人信服的变革理由,并逐步采取措施,为规模更大的变革铺路。每一步都需要形象的描述,例如直接听取苦恼客户的意见，强调变革的紧迫性等。

相比之下，一项针对全球金融危机期间的美国大型公司的研究得出了一套定制化的领导者的备忘录，可以为处于急剧衰退时期的龙头企业提供参考。在全球金融危机最严重的时候，我与2位同事一起采访了来自美国重要上市公司的14位高管。此时正值雷曼兄弟公司（Lehman Brothers）、美国国际集团、美林公司（Merrill Lynch）和其他金融公司倒闭或濒临破产之时，出现了近乎史无前例的裁员和无薪休假浪潮。我们询问这些高管，在这样的时刻，他们认为对公司领导层而言至关重要的是什么？

受访者包括杜邦公司（Dupont）、诺思罗普·格鲁曼公司（Northrop Grumman）、宝洁公司、3M公司、旅行者集团（Travelers Group）和泰科公司（Tyco）的高管。尽管每个人都强调了自己公司所采取的独一无二的措施，但大多数人都提到了8项领导原则。例如，其中一条原则是将更多的时间和精力投入公司客户身上。正如时任宝洁公司总裁兼首席执行官 A. G. 雷富礼（A. G. Lafley）所说："关于如何在艰难的时期管理公司，我能告诉其他人的一条经验教训就是，与客户保持密切联系。"另一条原则是迅速认识残酷的现实并采取补救措施，正如泰科公司的首席执行官艾德·布林（Ed Breen）所说："你必须尽快收集大量数据，但你永远无法掌握全部情况，因此，你需要迅速做出决策。"根据这些高管的意见，艰难时期的领导原则还包括在直面现实的同时重申使命、将精力放在你能控制的事情上、加强对经济复苏与振兴的信心等。

对于其他类型的机构而言，从非营利组织到学校系统、运动队、社区服务组织，甚至是如世界妇女银行（Women's World Banking）一般的金融机构和联合国这样的庞大组织，其领导者也需要定制化的领导者的备忘录。以母婴教育基金会（Mother Child Education Foundation）为例，该基金会主要负责土耳其和中东地区的妇女权益保护与农村地区发展。负责人艾拉·戈克塞尔（Ayla Göksel）是一位经验丰富的社会服务领导者，在过去20余年里，她的工作使100多万人受益。她曾指出，她的领导模板包括项目多样化和远程学习，以惠及弱势群体、赋权家庭，并宣传政策。

阶段

虽然领导者的备忘录中的原则是根据对大型组织管理者的研究和观察总结得出的，但小公司管理者的经验也表明，开发一个有针对性的领导者的备忘录对开启并领导公司的快速发展至关重要。

玛格丽特·惠特曼（Margaret Whitman）在加入

易贝（eBay）的时候，公司只有35名员工。惠特曼惊讶地发现，这些员工没有日程表，也几乎没有形成任何工作结构。易贝创始人皮埃尔·奥米迪亚（Pierre Omidyar）对这家羽翼未丰的公司采用了非正式的领导方式，因此也没有对员工的工作结构做出要求。然而，10年后，在惠特曼离职的时候，易贝的员工总数已飙升至15 000人。在基本原则方面，惠特曼面临的领导挑战始终未变。战略性思考仍然必不可少，但现在她已经在自己的领导者的备忘录中加入了日程表与工作规范。

另一个同样典型的案例也显示出公司发展阶段的巨变：1984年，柳传志在中国科学院创办了北京计算机新技术发展公司（联想集团前身），当时公司只有包括他自己在内的11名成员。25年后，联想集团已成为全球最大的个人计算机制造商之一。在成立之初，该公司敢于创新，成功地发展催生了一套新原则。与此同时，公司需始终坚持初心，这意味着每周对过去一周的决策进行一次复盘——在任期间，柳传志一直保持着这个习惯。经常回顾过去，才能更好地展望未来，柳传志构建了属于自己的领导者的备忘录，并不断加以完善。后来，在这个领导者的备忘录的帮助下，联想集团收购了IBM的个人计算机部门，登上了国际舞台。与此同时，新的领导原则要求柳传志对庞大的供应链和跨国品牌进行监管。

个人定位

对每一位管理者而言，这些定制化的核心原则是"真北[①]"，但每个领导者的备忘录都需要依照个

[①] 沿着地球表面朝向地理北极的方向，此处指领导者明确的准则。——编者注

人定位加以调整。不存在定位完全一致的2位领导者，也不存在需要以同样的方式发挥领导力的2种情况。下面我将列举3个根据个人定位定制备忘录的例证。

巡逻

一位美国指挥官为自己的步兵连队创建了一份备忘录，名为"战术标准操作程序"。这套内容涉及军官在实战的不同时刻需要采取的行动，从侦察和露营，到升级军力和医疗保障。例如，巡逻队长的备忘录中要求，在开始巡逻之前，指挥官必须向士兵明确说明任务，不仅要确定一条主要路线，还要确定一条备选路线，以防遭遇敌人炮火袭击，并提前与那些可能负责提供空中或炮火支援的人员进行协调。美国陆军军官创建了一个网站，向那些在前线服役的人收集和分享这样的领导原则。

消防

美国林野消防服务部门为应对森林、草地和其他荒野火灾的团队编制了一份备忘录。这份备忘录要求救火现场指挥官在开展救火行动之前,要对 3 个问题做出肯定回答:是否对可识别的风险采取了防控措施?鉴于预期的火灾态势,实施计划的策略是否合适?消防员是否已经收到明确的指令,并理解指令要求?同样,纽约市消防局也为应对重大事故的官员提供了 13 份备忘录,其中包括"求救信号备忘录",其要求停止所有无关的双向无线电通信、建立集结待命区,并根据需要招募相关人员。

销售

微软公司的 2 名销售经理根据一位飞行员的起飞前备忘录创建了"售前备忘录",要求销售人员在拜访客户之前，通过网络搜索所有可能需要会面的人，牢记会面开始2分钟的推销话术，并详细了解该客户公司的特点和主张。

如果你要与平级的同事和合作伙伴，或者与上级高管共同领导，那么针对具体任务的备忘录也必不可少。

第四章　检验备忘录

总而言之，对领导者而言，定制化的领导者的备忘录是管理的基础。但在一个动态变化的世界里，这些领导原则常常要被反复检验与完善，因此它们总是处于不断变化和改进的状态中。有时经过细致的评估之后，甚至需要重新构建领导原则。

例如，谷歌的人力资源管理者曾认为，拥有技术专长是公司领导的重要原则。然而，经过实践检验，谷歌的研究人员发现，其他领导能力对员工的影响更大，包括阐明战略和促进他人职业发展的能力等。

与之类似的是，在对一家大型金融服务公司的一个重要部门的领导层进行研究的过程中,我与2位研究者发现,该公司所认为的最重要的领导原则也应当进行修订。针对一个拥有4000名员工的部门,我们的一位同事采访了该部门的几乎所有高管,总结出200种不同的能力。至少在一些银行家看来,这些能力对于领导一家公司来说非常重要。然后,他请各部门的领导者对这200项能力进行排名,他们一致将其中39项能力排在前列。

随后我们的同事又进行了另外2项调查,得出了惊人的结果,从而重新制定了该部门的领导者的备忘录。他先请领导层的上级、平级和直系下属根据排名靠前的39项能力对该部门的每一位领导者进行评价。然后,观察这些领导者1年后的业绩,因为他们的业绩高低在很大程度上取决于能否调动下属的积极性,并使下属团结一致。

根据调查数据,我们发现,在39项已确定的领导能力中，只有 9 项对银行业领导者的业绩有重大影响。以对业绩的影响为标准进行检验，可以发现，曾经受到高度评价的品质，如对公司的成功怀有坚定的信念、建立基于团队的销售文化、简化销售流程，它们的地位全都有所下降。不出所料，该部门随后将其领导力发展计划的重点放在了定制化的领导者的备忘录上，该备忘录由对银行业领导者业绩有重大影响的 9 条原则组成，其中包括一线银行家的个人指导和激励，但不包括另外 30 条原则——这与最初设想的完全不同。

系统性研究的结果未必与现实相符，甚至有可能推翻我们直觉上已经接受的东西。有时，分析研究会改变或颠覆传统的（或许是过时的）智慧。因此，检验领导者的备忘录对于确认、改进领导原则都是至关重要的。

第五章　应用备忘录

假设一位外科医生在手术前没有确认手术室里躺着的是不是需要接受手术的患者,也没有确认他将采取的程序是否正确,那么你会让这样的医生为你实施手术吗?假设一位飞行员在起飞前没有检查风速、飞行计划、燃油量等关系到飞行安全的关键点,那么你愿意乘坐他驾驶的飞机吗?

你显然不会。因此很多医疗中心会要求医生在手术前对照一份专门的备忘录进行检查。世界各地的民航管理局也要求飞行员在起飞前查查备忘录上的事项。事实上,在许多较新型的喷气式客机上,飞行员只有逐一核对备忘录上的事项之后,才能使用全部的控制装置。当然，手术室和飞机跑道上仍然会出现失误，有时甚至是非常严重的失误，但备忘录上的每一项内容都至关重要，必须全部执行，避免任何遗漏，这样才能最大限度地避免失误。对此，阿图·葛文德（Atul Gawande）开展了研究，并在《清单革命》（*The Checklist Manifesto*）中进行了相关论证。

许多领域已经有了专业的领导者的备忘录，长期以来，这些备忘录有效指导人们在工作中合理分配注意力并采取行动。正如在航空和外科手术中一样，对企业领导者来说，领导者的备忘录中列出的每一项行动都至关重要，而所有对企业领导者至关重要的行动也都包含在领导者的备忘录中。因此，如果未能做到领导者的备忘录中的某一项要求，就像未能检查飞机燃油、确认患者身份或果断做出决策一样，即使遵守了其他要求，也可能导致非常严重的后果。所以，我们要再三确认各种备忘录上的每个项目，这有助于确保手术成功、飞机安全飞行和公司顺利发展。

令人惊讶的是，在将备忘录的概念扩展到公司管理者时，那些处于领导岗位的人往往无法用同样的标准要求自己。我们认为外科医生或飞行员严格执行备忘录是理所当然的，却不会严格要求自己去执行备忘录中的要求，哪怕是在决定性的时刻，一份完整的备忘录或许能指导甚至拯救一个公司，我们也不会仔细检查这样的备忘录。

如果管理者创建个性化的领导者的备忘录并遵守它——就像飞行员在起飞前必须查看飞行前的备忘录一样——并能够以某种方式与他们的薪酬挂钩，我相信，他们职业生涯中的危机将大大减少。但没有权威部门或措施要求管理者必须创建并应用领导者的备忘录，因此有进取心的管理者必须加强在这

第一部分 建立你的个人备忘录

一方面的自觉性。

但在应用备忘录时,管理者必须努力克服一系列可预测和可预防的行为失误。其中最重要的点之一是知道哪些事是自己应该做却没有做的。研究人员杰弗里·普费弗(Jeffrey Pfeffer)和罗伯特·萨顿(Robert Sutton)称之为"知行差距"。如果不能被用作管理者行为的常规指导,那么再好的领导者的备忘录也没有价值。对于大多数管理者来说,这是一种后天习得的技能。通过学术研究和对组织管理者的访谈,我发现管理者会积极利用4种途径,帮助他们定期激活和应用领导者的备忘录。

掌握领导者的备忘录的 4 种途径

(1)学习他人的领导时刻。

(2)参加培训和寻求指导。

(3)丰富体验。

（4）对个人领导时刻进行复盘。

1. 学习他人的领导时刻

学习应用领导者的备忘录的第一步是自学领导技能。学习的形式有很多种：阅读领导者的传记、观察领导者的行动、加入领导力发展计划等。关键是看他人如何使用完整的领导者的备忘录，或者他人在领导者的备忘录的应用上存在哪些不足。这些往往能提醒你，注意检查自己是否遵循了所有的必要领导原则。

例如，在我的领导力发展计划中，我经常借鉴消防队的教训，他们的指挥官常常因为使用了不够完整的领导者的备忘录而招致灾难。我还经常引用制药行业的一个例子，这是我研究过的信息量最大的案例之一，它揭示了领导者的备忘录的价值。

总部位于美国的制药巨头默克公司（Merck）的研发负责人罗伊·瓦杰洛斯（Roy Vagelos）面临着一个关键的抉择。科学家威廉·坎贝尔（William Campbell）提议研发一种药物，以治疗一种名为河盲症的疾病。这种疾病已经导致数万人失明，还有约2000万人面临失明的风险。新的治疗方案对默克公司现有产品进行了改良，因此投资似乎势在必行。然而大多数患者都生活在尼日利亚的农村和西非其他贫困地区，就算研发出这种药物，不管它对恢复视力的效果如何，这些患者都负担不起药物的费用。更令人担忧的是，对于默克公司这样一家商业性的公司来说，完成药物研发以后，还需要进行生产，然后将药物分销给非洲偏远地区的数百万名患者，其间产生的成本可能全部要由默克公司自己承担。

对于在上市公司负责短期业绩的管理者来说，这似乎是个毫无成功希望的计划。但短期收益只是研发负责人优先考虑的问题之一。他还需要从公司的角度出发，进行战略性的长远思考，并将注意力集中于提高未来的收益。基于这一思路，瓦杰洛斯得出结论，尽管研制出药物以后，默克公司可能不得不捐赠该药物，但公司最终仍能获益，因为，它在医疗界和监管机构中的声誉将不断提高，进而吸引越来越多的顶尖科学家加入公司。该品牌在尼日利亚等国家的知名度也会不断提高，这种慷慨善举将被当地人民铭记在心。因此，默克公司的收益将大于在生产这种药物时所承受的直接损失。

在领导原则中，战略性思考包括权衡短期收益与长期收益，研发负责人根据这一项原则，决定投资研发这种治疗河盲症的药物。虽然在短期内公司确实承担了高昂的成本，但随后几十年的事实证明，这是一项有远见的决策。默克公司为其研发团队招募科学家，这一决策也成为一个有效的工具。后来，负责该药物研发的科学家坎贝尔荣获诺贝尔医学奖,从而为默克公司吸引了更多的人才。

这个看似"赔本赚吆喝"的举动也使默克公司连续多年被《财富》(Fortune)杂志评为美国最受尊敬的公司之一。未来,在尼日利亚,很大一部分人可能会优先选择默克公司的产品,因为默克公司免费为大约 1000 万患有河盲症的尼日利亚人提供治疗药物。尽管默克公司的高管当时并没有明确地遵循某一份领导者的备忘录,但公司的成功表明,遵循一定的领导原则、合理发挥领导力,才能取得良好的效果。

西维斯健康公司(CVS Health)在 21 世纪 10 年代中期也是如此,它是一家美国药品零售商,在全美有众多连锁店。作为一家倡导健康的公司,货架上却摆放着香烟,这令公司的首席执行官拉里·梅洛(Larry Merlo)十分为难。西维斯健康公司是一家年收入千亿美元的大型企业,但这位首席执行官认为,公司作为医疗保健产品供应商的形象与门店中销售的烟草产品互相矛盾。医院代表想知道,在出售香烟的情况下,公司如何宣布其医疗保健议程。公司内的医务人员质疑烟草给客户健康造成危害,西维斯健康诊所的护士也对门店收银台后面的香烟表示不满。

由梅洛组建的一支特别工作组阐明了西维斯健康公司的长期愿景——帮助"人们走上健康之路"。此时,该公司销售烟草的行为就显得更加伪善了。虽然从短期来看,淘汰烟草产品将带来极大的经济损失,但董事会接受了梅洛的提议,同意该公司7600家门店撤下所有的烟草产品。

此举的确导致公司短期业绩的下滑,年收入损失20亿美元,股价直接下跌7%。但当时的美国第一夫人米歇尔·奥巴马(Michelle Obama)为该公司的决定"点赞",反吸烟运动的领导者也赞扬了这一举措:"这是公司引领和制定新标准的典范。"在西维斯健康公司停止销售烟草后的8个月内,全美国烟草产品的销量减少了9500万盒。后来该公司又将反式脂肪从自有品牌食品原料中去除,将更健康的产品摆在店铺里,并在货架上添加标签,标明产品"有益心脏健康"或"不含麸质"。在做出停止销售烟草的决策前,公司股价为每股73美元。虽然停止销售烟草后,该公司股价立即下跌,但1年以后,股价上涨为每股100美元。

与默克公司一样,西维斯健康公司遵循领导原则所采取的行动在短期内使公司收益大幅减少,但事实证明,这样的行动有利于客户健康和公司声誉。首席执行官也没有明确地利用某一份领导者的备忘录,但他的行动同样遵循了这类领导模板中所包含的领导准则。

2. 参加培训和寻求指导

针对你已展现出来的领导能力以及那些需要进一步突出体现的领导原则，有些人可以提供精细化的、有价值的建议，因此你需要征求他们的建议。如果你不知道自己在做什么，就很难纠正自己的行为。

3. 丰富体验

寻找并承担舒适区之外的新任务。尝试新领域，并体验它们可能带来的挫折。这样一来，即使你已经学会了持续应用领导者的备忘录，也可以逐渐认识到该备忘录的不足之处。例如，在职业生涯的最初几年中，即使你缺乏战略性思考，难以做到尊敬同一屋檐下的人，其带来的影响也似乎并不明显，但随着你肩上的责任越来越重，经历越来越丰富，这些领导原则的重要性就会凸显出来——尤其是当你目睹了别人因未遵循这些领导原则而付出代价之后。

4. 对个人领导时刻进行复盘

将失败转化为学习的机会。挫折与成功都能带给我们启示，有时候我们从挫折中学到的东西可能更多。吸取失败的经验教训，为下一次使用领导者的备忘录做好充分准备，这正是思科公司（Cisco Systems）首席执行官约翰·钱伯斯（John Chambers）能够成为曾经硅谷任期最长的首席执行官的原因之一，他执掌公司长达20年。钱伯斯于1995年接管思科公司，并在20世纪90年代后期的互联网浪潮中乘风破浪，领导公司成为全球最有价值的实体之一，公司市值飙升至 5000 亿美元以上。但在 90 年代即将结束之时，互联网泡沫破灭，思科公司的业绩从快速增长变为急剧收缩。公司在这场危机中幸存下来以后，钱伯斯认为，公司在后来 10 年中取得的成就主要归功于他在这段艰难时期所学到的东西。

第六章　调整备忘录

在动荡多变的年代,组织领导的影响力最强。当市场可以预测,环境风平浪静的时候,领导者可以(至少在一段时间内可以)毫不费劲地取得成功。但是,当不确定性成为常态,变化越来越频繁的时候,领导者的备忘录就变得举足轻重了——现在就是这样的时刻。

为了应对这样的时刻,我们从学识渊博的观察家、学术研究人员、发展项目参与人员、领导者评估人和项目参与者的技能中挑选出核心领导原则。在这个过程中,我们找到了一套核心技能,包括战略性思考、果断行动、以有说服力的方式进行沟通等，它适用于各种情况。有了这些核心技能，我们也看到针对不同组织、不同角色、不同环境需要采用定制化的原则。例如，与西方国家的领导者相比，印度公司的领导者更强调广泛的使命与社会目的。最后，我们研究了个人定制领导者的备忘录的必要性。对于微软公司的销售人员来说，他需要的领导原则不同于消防员的领导原则。

创建了核心备忘录与针对特定任务的备忘录之后，下一步就是系统性地检验并不断修改备忘录。从上文提到的金融服务公司的案例中可以看出，经过仔细研究后我们发现，高级银行家认为至关重要的许多领导原则实际上影响甚微，但有一小部分原则的确对领导力产生了重大影响。

当然，意识到领导者的备忘录的价值未必能够保证该备忘录会得以应用。为了消除知行差距，上一章中的4种途径值得尝试。在变化不定的时期，最需要领导力来发挥作用，此时通过多管齐下的措施，你才能更加从容地运用自己的领导模板。

但是，要维持可持续性，领导者的备忘录不能一成不变，它必须是动态变化的，随着知识的积累与新情况的出现而不断更新。我们通过反复研究美国国际集团的失败与智利矿难救援行动的成功等案例，可以使自己的领导者的备忘录不断得到完善。

当然，领导者的备忘录不能取代理解和判断，就像外科医生或飞行员的备忘录仅用于为患者手术或驾驶飞机。它只是一个提示，因此领导者的备忘录必须简洁且完整。同样，当一个人致力于创建并应用备忘录的时候，备忘录才能发挥作用。

第二部分

运用领导者的备忘录

第七章　失败的领导者案例

如果一个领导者没有领导者的备忘录，或者不打算使用领导者的备忘录，会有什么后果？有时候影响甚微，因为几乎每一位领导者都懂得如何应对压力，有时候得过且过也无妨。但当领导者面临较大的风险时，如果他准备不足，后果将不堪设想，这时候想蒙混过关是不可能的。

最典型的例子就是美国国际集团在全球金融危机期间的金融崩溃。自1919年成立至2008年，美国国际集团先后换过3位掌门人。2007年，该公司成为全球最成功的公司之一，公司员工超过10万人，年收入超过1000亿美元，在《财富》500强排行榜上位列第 10，领先于高盛集团，与花旗集团的差距也不大。美国国际集团也是道琼斯工业指数中的 30 家蓝筹股公司之一。

该公司崛起的一个关键原因在于它有一个新兴且规模较小的子公司，即美国国际集团金融产品公司（AIG Financial Products，又称 AIGFP）。美国国际集团的领导者于 1987 年创建了该子公司，以应对不断增长的债务违约担保需求。其他金融机构在快速扩大其债务持有量，美国国际集团金融产品公司则负责为债务投保。他们向客户承诺，在汽车贷款、信用卡欠款、次级抵押贷款和信用违约责任等证券违约问题上对他们进行补救。

成立之初，AIGFP 收取的费用相对较低——在某些情况下，每 1 美元每年仅收取 0.02 美分的保险风险金——但这类保单有数十亿美元，足以证明这是一项有利可图的业务。金融产品业务最初增长缓慢，到 AIGFP 成立十几年后的 1999 年，此业务仅占营业收入的 4%。然而，在那之后的 6 年里，金融产品占母公司营业收入的份额飙升至 17%。AIGFP 的员工不到 400 人，最终却承担了超过 1.5 万亿美元的信用违约责任，其中包括约 580 亿美元的抵押证券，总计相当于当时法国国内生产总值的一半以上。

AIGFP 的盈利快速增长，但它给母公司带来的风险并不大。2007 年，美国国际集团的首席执行官向投资者报告，称公司的风险指标"非常可靠"，管理层感到"非常欣慰"。AIGFP 的负责人许诺："我们相信这是一个利润丰厚的投资组合，我们使用的模型很简单、效果良好，而且非常保守。"他补充说明企业风险是可以接受的："谨慎地说，在合理的情况下，我们甚至很难在任何交易中找出哪怕 1 美元的损失。"

在公司发展过程中，高管们发现，他们能够以具有竞争力的利率承保大型债务组合，其原因部分在于母公司拥有 AAA 级最高信用评级。实际上，拥有这种评级的公司凤毛麟角，所以这是一个非常宝贵的优势。根据当时的政策，由于具备 AAA 评级，AIGFP 不需要为履行责任预留现金等资产。虽然如果任何被保险的债务违约，该公司都必须向客户付款，但高管们根据历史数据演算认为，无论何时出现数额相对较小的损失，他们都可以轻松筹集到所需资金。AAA 评级也使客户相信，美国国际集团确实有能力担负这些责任。

然而，事实证明这种演算存在致命的问题。投资银行雷曼兄弟公司破产后，机构投资者和评级机构开始关注其他公司是否持有大量恶性次级抵押贷款，因为正是这种恶性次级抵押贷款将雷曼兄弟公司推向深渊。同样，AIGFP 也持有大量恶性次级抵押贷款。2008 年 9 月 15 日，一家主要的评级机构将美国国际集团的评级下调至 A-。按照规定，当保险公司的评级为 A 级或 A 级以下时，需要提供抵押品。因此，评级下调导致客户纷纷向 AIGFP 提出抵押要求。在雷曼兄弟公司倒闭后仅数小时内，客户所提出的抵押品总额就达到了 180 亿美元左右，客户中包括巴克莱银行（Barclays Bank）、德意志银行（Deutsche Bank）和高盛集团等银行巨头。

投资者纷纷抛售美国国际集团的股票，致使其股价在一天内暴跌 60%，继而引发信用恐慌，AIGFP 被要求再拿出 150 亿美元。为了应对不断增长的抵押品需求，美国国际集团被迫在 9 月 17 日从前一天晚上设立的紧急基金中提出 280 亿美元。美国国际集团的亏损接踵而至：9 月底亏损 320 亿美元，至 12 月底亏损增加到 610 亿美元——这是公司历史上最大的年度亏损。为了应对危机，美国政府注资 1700 多亿美元拯救美国国际集团，并控制了该公司近 80% 有表决权的股份。

如何解释这场触目惊心的大崩溃？从历史的角度来看，当时不利的市场环境当然是导致崩溃的一大因素，但此前反常的繁荣也是因素之一。在2005年之前，美国国际集团始终由莫里斯·格林伯格（Maurice Greenberg）掌管，进入同行不敢涉足的风险市场——从俄罗斯贸易到尼日利亚石油——它为一切提供保险，并屡屡获益。战略智谋与大胆扩张帮助该公司跻身道琼斯指数所参考的30家企业之列与《财富》10强排行榜。但是，高层管理者可以预见到繁荣，也有责任预见到恶劣的形势，而一个全面的领导者的备忘录本可以阻止，或者至少可以大大缓解美国国际集团的崩溃。

例如，事实证明，对于总部位于伦敦的AIGFP来说，格林伯格及其继任者都鞭长莫及。AIGFP的员工表示，母公司首席执行官对该子公司负责人的监督相对较少，而母公司董事对其首席执行官的监督也很少。反过来，董事会的警觉性不够，可能也是源自美国国际集团当时相对薄弱的管理。在即将入秋的时候，一家政府评级机构差点将美国国际集团的管理评为 D 级——不合格。

美国国际集团的领导者多次收到警告，称 AIGFP 正在承担特殊风险。例如，一家联邦监管机构向董事会报告，说他们发现"在复杂结构交易的记录、会计政策和程序、压力测试、关于风险容忍度的沟通以及公司的权力范围、信用风险管理和度量方面，AIGFP 都存在缺陷"。监管机构就次级抵押贷款风险不断发出警告，并要求董事会加强对 AIGFP 的内部管控。美国国际集团的外部审计师发现该子公司的大量会计实务都存在漏洞。

事后再看，我们很容易理解为什么美国国际集团的母公司的首席执行官和子公司的负责人都对监管者、审计师以及市场本身发出的警告视而不见。AIGFP 是一颗流星，它的快速扩张为母公司的业绩做出了巨大贡献，并为整个董事会的年度奖金提供了保障。研究发现，公司的成功会引发领导者的过度自信和冒险行为，而且从人性上来说，谁也不会对送到手的利益吹毛求疵。此外，强劲的增长态势可能会使人们错误地估计潜在风险，尤其是低概率、高影响的威胁，而事实证明，这些威胁可能招致灾难。

然而，这实际上是一条早已被走了千百遍，并且完全可预测的人类行为路径，因此美国国际集团领导层的责任之一就是在这些行为缺陷给企业带来严重损失之前发现它们。如果 AIGFP 的领导者没有注意到风险警告，那么责任就落在了美国国际集团的首席执行官身上。如果首席执行官无法预见这场风暴的到来，董事会就有责任提防他过度乐观。上述任何一个层面的干预都有可能阻止这场历史性的灾难发生。但是，如果每一个层面都没有采取干预，那么这样的灾难几乎是必然会发生的。

从这个案例中，我们不难总结出领导者的备忘录的第 13 条原则。它能帮助领导者将眼光放得更加长远，而不是局限于眼前的繁荣，这样一来，无论时局好坏，公司都能顺利度过。

原则 13：避免过度乐观与过度悲观。取得成功时不要骄傲自大，将注意力放在潜在威胁与尚未解决的问题上，预防不必要的风险。与此同时，在面对衰退与挫折时，也要有重整旗鼓的信心。

第八章　成功的领导者案例

如果说美国国际集团的失败是一场十足的灾难，那么 2010 年营救 33 名被困智利矿工的案例则恰恰相反，那是一场卓越的成功。不管结果如何，我认为对成功的领导者案例与失败的领导者案例进行细致的研究，可以帮助我们获得新的见解，了解完整的领导者的备忘录的关键所在，而智利矿工救援行动无疑是最值得研究的案例之一。它强调了在行动中始终贯彻领导原则的重要性，也着重体现了领导者的备忘录中的另一项原则。

在智利最大零售连锁公司桑科萨集团（Cencosud）担任首席执行官期间，劳伦斯·戈尔本取得了不俗的业绩。2010年初,智利新当选的总统塞巴斯蒂安·皮涅拉(Sebastián Piñera)邀请戈尔本担任国家矿业部部长。

尽管戈尔本最初怀疑,自己没有任何矿业行业的经验,能否胜任政府部门的工作,但他相信,自己的管理技能可以大大弥补技术经验上的不足。他向家人解释说,矿业部是"我可以发挥自己的管理技能的地方"。危急时刻,在没有任何矿工救援经验的情况下,他仍然相信,自己的管理能力足以让他承担起责任,将困在阿塔卡马沙漠的33名矿工安全救出。戈尔本解释道:"虽然我没有涉足过矿业,也一直质疑自己究竟能在这个行业里做点什么——面对如此严重的问题,我该如何帮助救援——但我知道,我必须在那里。"然而,要做到这一点并不容易。

塌方发生2天后,戈尔本抵达智利圣何塞矿场,即矿难现场。他不确定自己能够发挥什么作用，但他决定亲自看看情况。当天晚些时候，一支救援队从矿井深处返回地面，称整个矿井已变得非常不稳固，其中大部分地方都无法安全通行，更不用说下到2000英尺（约609.6米）以下去营救受困矿工了。救援队的一名队员向戈尔本透露："矿工们肯定凶多吉少，就算现在还活着，也撑不了多久。"

为了保证大家的知情权，戈尔本决定立即将这个令人绝望的消息告知聚集在矿场门口的矿工亲属。但是，看到一名被困矿工的2个女儿听闻噩耗后失声痛哭的场景，他失去了冷静，一时无法继续说下去。"部长，您不能崩溃，"一位矿工亲属喊道，"您必须给我们力量！"对戈尔本来说，这是一个转折点。与矿工家属会面后，他不再对自己及背后的智利政府是否应该直接指挥救援工作而纠结，虽然这次事故发生在一个私人矿场，而且此前智利矿业部的最高长官从未全权负责过任何矿难救援工作。

获得直接控制权后,戈尔本决定启动一项计划:钻几个直径约 5 英寸(约 12.7 厘米)的孔洞来确定矿工的位置。矿工的准确位置未知,而且这种钻孔的准度通常有 7 度的误差,这意味着即使确定了矿工的位置,也可能在实际钻孔时偏离他们避难的地方。尽管戈尔本在进入零售业之前曾接受过工程师培训,但他很快发现,救援中遇到的工程方面的挑战远远超出自己的能力范围。"我意识到,在技术问题上,我们缺少一个领导者,"他承认,"我无法提供这方面的领导。虽然我也是一名工程师,但我对采矿技术一无所知。"

随后,大约有 20 个组织立即展开了工作,越来越多的志愿者涌入现场,许多人提出了其他救援建议。为了应对这种情况,戈尔本开始着手组建一支专家团队。他首先想到的是一位来自智利国有铜业公司的经验丰富的工程师,他既具备必需的技术,也很有声望。"大家众说纷纭,"戈尔本抱怨道,"现场似乎没有人能够做出决断。"专家抵达矿难现场后,戈尔本向他下达了明确的指令:"由你负责!"

另一个挑战是与矿工家属的沟通,他们强烈要求定期更新救援进展,最重要的是,他们迫切地希望尽快将被困矿工救出来。一位家属代表说:"除非把所有矿工都救上来,否则我们绝不离开这里!"他们对救援行动的怀疑越来越深,情绪也逐渐激动起来。在家属聚集的营地上挂着诸如"爸爸,我们在等你"和"儿子,我们在这里"此类的横幅。戈尔本请来一位专家,他是心理学家,同时也是一家国有矿场的安全主管,由他负责安抚矿工亲属并协调前来协助的组织。

政府本身的态度也摇摆不定。许多官员质疑国家在这种可能以悲剧收场的事故中投入大量资源是否明智。如果戈尔本不参与，矿主将承担矿难的主要责任，可一旦戈尔本做出承诺，国家就不可避免地要分担责任甚至承担主要责任。为了克服那些身处智利圣地亚哥的官员的风险厌恶情绪，也为了动员政府从世界各地征集意见与设备，戈尔本又找来一位人脉很广的政府人士，即智利内政部部长，同时也是内阁成员，由他负责这项工作。

戈尔本进一步加强了他的团队，没有让矿主参与救援。他努力确保这支负责人团队中的每个人都能保持镇定和专注——镇定是必备品质，专注是因为此时人命关天。但是，这支团队就位后，戈尔本又面临着一个关于决策的问题：应该由他做出生死攸关的决策，还是将这项任务交给团队中的专家？如果没有自己的参与，这些决策可能会出错，但另一方面，如果由他做出最终决定，但随后的救援行动不顺利或失败，人们将有什么反应。他担心别人事后会质问他，既然他对这方面知之甚少，为什么还要参与进来。

戈尔本决定参考过去为他及他的公司带来良好效益的管理方法。他请团队提供指导意见并解释提出这些技术方案的理由，但没有回避直接参与确定最终的解决方案。他解释道："这是我通常的做法。"其目的是"让专家们发表意见"。此外，他也可以确保在执行战略之前，为下属提供令人信服的理由。"按照我的风格，"他说，"我开始提问。"但他为自己保留了做出最终决定的权力。

戈尔本的所有行动的关键都是与时间赛跑。他认为，在塌方中幸存下来的矿工都会面临食物短缺的问题，而且有些人可能还受了致命的伤。因此，戈尔本采取了一个复杂的战略，希望通过多项举措并施，尽快找到被困矿工，并将他们营救出来。为了确定矿工的位置，他们钻了10个5英寸的孔洞，终于有所收获：塌方15天后，一台钻孔机终于打穿了矿工避难的矿洞。当钻头撤回地面时，上面贴着一张有用红色颜料书写的字迹的字条："我们在避难矿洞，情况良好，共33人。"对于矿工的家属来说，这是一个值得欢庆的时刻。对于戈尔本来说，这是一个顿悟时刻，也是他的人生转折点。

戈尔本和他的团队立即投入下一个任务中，即解救矿工。他们已经审查了大约10个不同的计划，最后将注意力集中在3个计划上，即打开一人大小的竖井，一直通到矿工避难的地方。每一个计划需要采用的方法都不同，此时仍然需要与时间赛跑，因此戈尔本同意3个计划同时进行。

33天后，其中一个起初受到部分工程师质疑的计划率先取得了成功。他们用一种靠缆绳升降的密封舱，将矿工一个接一个地送到地面。10月13日，轮班主管——最后一个被救上来的矿工——与他的儿子团聚，并向智利总统报告："按照我对您的承诺，我把整班工人都带回来了。"智利总统与戈尔本共同见证了这个胜利的时刻。

智利总统皮涅拉回答道："我很高兴接收你的整班工人，因为你完成了自己的职责，像一位优秀的船长那样坚守到了最后。"他还补充道，"从今以后，你将不再是以前的你，智利也不再与过去一样。"在最后一名矿工回到地面后，仍在矿井中的救援人员向全世界打出了标语："智利已完成任务。"

在此次救援行动中，戈尔本几乎使用了所有领导者的备忘录中的原则。他从战略的角度进行思考、使他人了解自己的品性、尊敬所有共事的人、激励全体人员、深入一线，甚至在没有正式授命的情况下也能严格负责，因为他拥有处理这项任务的管理经验，并且处在完成该任务的最佳位置上。

获胜的戈尔本的团队也彰显了一条领导者的

备忘录中的原则的价值,即打造一个多样化的卓越团队。

原则14:打造一个多样化的卓越团队。领导者需要承担最终责任,但领导力的发挥离不开团队协作,一批能够共同解决所有重要挑战的成员团结在一起,领导力才能发挥最大作用。

戈尔本的故事也充实了另一条领导者的备忘录中的原则。他强调,必须要反复提醒救援团队成员,不要忘记他们的"梦"。这是这项艰苦卓绝的工作的最终目标,也是成功的实质。他说:"你们必须积极地迎接挑战。必须保持乐观。"为了向大家灌输必胜的决心,他必须"和大家在一起"并且"坚信问题能被解决"。

原则 7：激励全体员工。了解员工的独特动机，然后根据不同的动机采取不同的激励方式，使每个人都能最大限度地发挥潜能。

戈尔本为上述领导者的备忘录补充了另外一条原则，这条原则或许也应该纳入领导者的备忘录中：上层的支持非常重要。从危机发生的第一刻起，智利总统皮涅拉就坚定地支持救援计划。戈尔本回忆道："皮涅拉总统承诺，我们将竭尽全力找到所有矿工。那一刻，我觉得自己有能力掌控局面。"

戈尔本说，举全国之力进行救援，"是此次行动成功的关键。"虽然这项倡议一开始似乎没有多少成功的把握，但事实证明，总统的坚定支持对于率先确定矿工的位置至关重要——"那是我一生中最美好的时刻之一。"戈尔本曾这样对我说。在那不久后，所有的被困矿工都被安全带回地面。

第九章　易被忽视的领导原则

领导者的备忘录中列出了16条原则，然而很多管理者的经验告诉我，在实践中，有3条原则往往容易被忽视。管理者表示，在某些需要发挥领导力的时候，他们很少运用或难以遵循这3条原则。同样，他们也很少看到其他领导者使用这3条原则，包括他们的上级，而他们本应该遵循这些原则。不管怎样，这种忽视导致的结果都是一样的：当公司陷入困境时，领导力无法充分发挥作用。

许多管理者发现自己和他人最欠缺的3条原则是：

原则 3：尊敬同一屋檐下的人。要经常对那些与你共事以及为你工作的人表达信任与支持。

原则 6：以有说服力的方式进行沟通。以令人难忘的方式进行沟通，简洁明了的表达方式将对你有所帮助。

原则 15：将共同利益放在首位。在制定战略、传达愿景、做出决策的时候，需要将共同目标放在第一位，将个人利益放在最后一位。

2010 年 11 月 16 日，美国总统奥巴马在白宫向美国陆军上士塞尔瓦托·A. 琼塔（Salvatore A. Giunta）颁发荣誉勋章，这是对领导者的备忘录的第 15 条原则的有力肯定。琼塔冒着生命危险，在枪林弹雨中向前冲去，为伤员提供援助，并营救出一名受伤士兵。美国政府称赞琼塔"在敌人猛烈的火力打击下依然表现出坚定的勇气、无私的品格与果断的领导力"以及"非同寻常的英雄气概和超出职责范围的无私精神"。据记者报道,在白宫举行的仪式上,琼塔和妻子、父母以及他所在小队的幸存者都站在奥巴马总统身边,总统详细讲述着琼塔无私的领导行为,东厅"一片安静,你可以听到房间对面传来的沙沙声"。

为什么领导者容易忽视这3条原则?我想答案可能在于,许多管理文化都既未能充分强调这3条原则,也没有将其纳入领导力发展计划中。然而,无论出于何种原因,它们的缺失是毋庸置疑的,而且一些事实已经证明,忽视这3条原则可能会给公司声誉、最终盈利甚至国家利益带来极为负面的影响。

例如,想一想曾经的英国石油公司(BP p.l.c.)首席执行官托尼·海沃德(Tony Hayward),针对该公司的墨西哥湾钻井平台井喷事故对环境造成的影响，他的沟通方式无法令人信服（忽视原则6）。或者想一想全球金融危机期间，许多投行成员似乎将狭隘的个人利益置于投资者和国家利益之上（忽视原则15）。

至于忽视原则3的例子看看杰夫·金德勒（Jeff Kindler）就知道了。他是全球最大的制药公司之一，辉瑞公司（Pfizer Inc.）的前首席执行官。许多人都说过，金德勒曾多次顶撞高层管理人员，质问和批评他们，并严重干涉他们的工作，甚至公开谴责董事会成员。由于金德勒对共事的伙伴毫不尊重，因此没有人愿意跟随他，再加上在他的管理下，公司业绩欠佳，因此上任不到5年，金德勒就遭到了董事会的质疑。

第十章　领导者如何面对挑战

领导者的备忘录中的16条原则基本适用于领导者可能会面临的大部分危机。当领导者面对极其巨大的压力或危机时，有几条原则的作用尤为突出。一个典型的例子就是新冠肺炎疫情及其带来的种种挑战。根据管理者在许多情况下的经验来看，在充满挑战的时代，最重要的领导者的备忘录中的原则包括以下3条：

原则2：进行战略性思考和行动。提出一种富有实效的战略，以实现短期愿景与长期愿景，同时要保证该战略已得到广泛理解。要考虑所有的参与者，在他们表明态度之前预见其反应与可能的抵触情绪。

原则 4：负责并领导变革。积极行动，即使尚未得到正式任命，也要承担起责任，特别是当你已经准备好有所作为的时候。

原则 5：果断行动。及时做出合理决策，并确保决策的执行。

对于领导者来说，在实践中，这些原则最能发挥作用的时刻莫过于公司进行重组、社会陷入困境或国家苦苦挣扎的时候。当全球股市剧烈波动、主权债务的评级下调甚至出现违约风险、传染病的蔓延导致国家封闭国门、经济复苏乏力时，面对种种挑战，领导者不得不加倍努力进行战略性思考、果断做出决策，并且愿意承担直接责任。

例如，设想在美国，领导者们在促进就业、减少不平等、增加多样性和保护选举方面承担起更大的责任。面对美国的政治僵局，华盛顿在其中一些问题上进行全面调解的效果微乎其微，那么公司可以将其作为优先事项，公司的领导者以上述3条领导原则为基础，即进行战略性思考、承担责任并果断行动。

当然，许多机构投资者可能是例外，他们控制着美国三分之二的公开交易股票，关注的是尽快实现股东价值，同时对那些屡次表现不佳的高管施以惩罚。这看起来似乎是美国风格的一种固定思维，但实际上只是权宜之计，并且不再适用于当今。

例如，假设《财富》500强公司中的每家公司都增加1000名美国员工，美国的就业人口就可以增加50万。在首席执行官、董事和公司股东组成的核心团队的共同努力下，未来一年内美国的就业机会可能会增加100万个，或可以设立一个研究和发展基金，以创新的方式扩大就业，提高工资水平。

说到拉动就业增长，当国家的领导者可能无能为力的时候，动员那些公司的领导者，可能会有所帮助。或者设想一下，如果每个公司的领导者都要求所有员工提供新冠肺炎疫苗接种证明，这将对公众健康带来哪些影响。回到领导者的备忘录中的原则上来，这需要你在其他人很难做到的时候承担责任。

危急时刻

在从事学术研究与领导力发展项目的过程中，我一直在关注管理者在危急时刻的表现——无论是眼前的危机、全球范围的危机还是未来的危机。管理者的反馈表明，这种探索途径具有特殊价值，尤其是在媒体信息常常相互矛盾的时代。我们所说的

"危急时刻"是在现场，亲自担任领导者角色，面对灾难性时刻，它往往能提供深刻的见解，让我们知道，无论什么时候，当我们需要承担领导责任时，应该怎样做。

许多管理者告诉我，他们希望我能够多讲一些有教育意义的领导者故事。我曾与时任纽约市消防局反恐和应急准备负责人的约瑟夫·法伊弗（Joseph Pfeifer）交流。法伊弗拥有在一般时期和特殊时期领导他人的丰富经验。"9·11"事件中，作为全市总指挥长，他负责指挥世界贸易中心北塔的救援行动。此外，他还领导制定了本部门的战略计划和恐怖主义防范战略。我对他的采访进一步充实了领导者的备忘录，也为其应用提供了新的见解，尤其是下面这条原则：

原则5：果断行动。及时做出合理决策，并确保决策的执行。

"9·11"事件那天早上8:46,法伊弗正在世界贸易中心附近对一起天然气泄漏事故进行例行检查,这时他发现一架低空飞行的飞机伴着轰鸣声从他的头顶疾驰而过。法伊弗抬起头来,正好看到飞机撞上了世界贸易中心北塔。通过撞击的角度和速度,他立即断定这不是一起意外事故,而是一起恐怖袭击。

法伊弗说:"那一刻,我们知道自己即将面对一生中最严重的火灾。"他立即用无线电发布通知,大规模部署消防员和其他人员。在接下来的1个小时内,他在世界贸易中心北塔(即世界贸易中心一号楼)的主大厅指挥紧急救援工作,做出了一系列的救援决策。他遵守了原则5,即果断行动,上午9:59,当附近的世界贸易中心南塔倒塌时,法伊弗向当时正在高空救援的消防队员发出了一条无线电信息："一号楼所有单位注意，立刻撤离大厦！"

我们的访谈还指出了 2 个问题：一是对他人负责的重要性，二是建立卓越团队并对其负责，同时创建和协调团队网络这些行为的重要价值。

关于第一点，法伊弗说，一名消防员在三级火灾警报后找到他，言简意赅地说："长官，我只是想让您知道，我会跟随您前往任何一条走廊。"尽管这是一句带有赞美的话，但法伊弗意识到，这位消防员的意思其实是，他希望法伊弗在带领他进入危险地方时能够确保他的安全。这位消防员含蓄地表达了自己对法伊弗的信任，他将自己的生命安全寄托在法伊弗身上，因为他知道法伊弗曾有过命悬一线的经历。法伊弗观察到，领导力不仅是从远处发号施令，还需要"分担风险"、亲自参与、了解他人被要求做的事以及他们所面临的风险。

关于第二点，法伊弗利用自己在"9·11"事件中的表现为领导者正面示范了如何处置复杂、快速变化和高风险的情况。早在灾难发生之前，领导者就应该预先建立机制，使各方能够就迅速变化的情况分享情报。每一位领导者都要随时防范法伊弗所说的"组织偏好"——用他的话来解释，就是"消防员和警察各干各的，急救医疗人员自成一队"。但我们需要的恰恰相反。如果说"指挥和控制"是权威领导的基础，法伊弗则根据他在"9·11"事件及其之后的经历得出结论：面对复杂事件，领导者还需要"联系、协作和协调"。

第十一章　像首席执行官一样思考

在本书中，我一直强调，这里提出的大多数核心领导原则适用于大多数情况。但第 16 条领导原则适用于所有情况——这是一条行动准则，没有这条准则，任何领导者的备忘录都是不完整的。

让我们重温本书开篇设想的一个场景——但在此之前，我们需要先将时钟拨回 1861 年 4 月 12 日。当天早上 4：30，美国南卡罗来纳州的叛军向查尔斯顿港（Charleston Harbor）的一座联邦堡垒开火。驻军指挥官最终放弃了该堡垒，没有造成人员伤亡。尽管与后来发生的冲突相比，萨姆特堡之战的规模很小，但它是长达 4 年的美国南北战争的导火索，这场内战共造成70多万人死亡。

在数十万应征入伍者中,有一位鲍登学院(Bowdoin College)的教授——来自缅因州的约书亚·劳伦斯·张伯伦。他从中校升为少将后,参与了弗雷德里克斯堡战役、葛底斯堡战役和彼得斯堡战役。1865年4月9日,罗伯特·E.李领导的北弗吉尼亚军团在弗吉尼亚州阿波马托克斯投降,此时张伯伦正随波托马克军团作战。

为了纪念这一时刻,代表联邦军接受正式投降的尤利西斯·S.格兰特(Ulysses S. Grant)将军下令于4月12日举行投降仪式,届时4000多名联邦军士兵将在场地一侧列队立正。李将军会带领战败的步兵部队齐步行进至场内,将他们的团旗和枪械放在一名联邦军军官的脚下。格兰特指定张伯伦负责策划和监督此次仪式。

1865年4月12日,距离1861年4月12日叛军向萨姆特堡开火已经过去整整4年,当第一支南方军向联邦军走来时,张伯伦下令吹响号角,命令联邦军士兵"持枪"——这是一种表达敬意的姿势,士兵们右手握步枪,枪口与肩膀同高。联邦军与南方军都了解这个动作的含义,因为他们有相同的军事传统。

南方军的一位将军约翰·B.戈登(John B. Gordon)骑马走在南方军的队列前方。在南方军的耻辱日,张伯伦的士兵向他们表达了敬意,戈登对此非常感激,他命令自己的部下以同样的姿势回礼。张伯伦本人描述道:"戈登在行进队列的最前面,面色凝重,听到有手臂移动的声音后,他抬起头来,立刻明白了其中的含义,于是他指示身后的士兵做出同样的姿势从我们身边走过。"

这一事件被称为"敬礼回礼",目睹或听说这一事件的人都将这一时刻铭记在心,它意味着和解。

张伯伦的一些同僚曾在战场上与这些士兵厮杀，加上南方军所鼓吹的目标令人发指，因此看到这种视敌人为兄弟的举动，他的同僚感到十分愤怒。而对张伯伦本人来说，他也是在向 2 周前试图杀死自己的人致敬。在同年 3 月 29 日的一场小规模战役中，南方军打伤了张伯伦的手臂和胸膛。在那 1 年前，在联邦军围攻彼得斯堡期间，敌军击中了他的臀部和腹股沟。总而言之，在服役 3 年期间，张伯伦经历了 20 场战斗和多次小规模冲突，6 次负伤，晚年时他也终因在彼得斯堡战役中所受的重伤复发而逝世。

对林肯来说，南方军在阿波马托克斯的投降不仅代表着武装叛乱的结束，也象征着民族和解的开始。然而，即使对他而言，鉴于联邦军在战场上的惨烈损失，统一之路也是苦不堪言。在张伯伦向南方军致敬的 2 天后，林肯携夫人在华盛顿福特剧院（Ford's Theatre）观看演出的时候遇刺。

然而，对双方来说，和解的姿态比保持敌对更加重要。后者是自然而然的，但前者需要经过学习。张伯伦在南北战争结束时的做法提醒了我们，领导者的备忘录的最后一条原则至关重要：像首席执行官一样思考——即使你的职位低于他们。这条原则以我们经常使用的"仆人式"领导的方式进行表述，根据我的经验，它是所有领导原则中最重要的一条。

原则 16：像首席执行官一样思考。努力领会公司的首席执行官——甚至一个国家的最高领导人——在那一刻对你的期望，并通过行动满足这种期望。

在成为首席执行官之前就像首席执行官一样思考

国际电话电报公司的首席财务官丹尼斯·拉莫

斯晋升为子公司的首席执行官，这个过程也体现了第 16 条领导原则。她对该子公司的领导之所以能够成功，是因为她在成为首席执行官之前，就一直像首席执行官一样思考。

我们的职业生涯总会开始于某一个地方，可能需要经历一段漫长的旅程，攀登层层阶梯。在商业领域，首先登上这一阶梯的是公司的工程、金融或营销专家。经过很长时间以后，当快速晋升的职能专家或部门主管成为多面手，能够胜任公司的大部分角色与运营工作后，才有机会进入最高阶层，高层管理者的工作中，所有的职能和部门被整合为一体。

这就是拉莫斯的经历。她在大学学习经济学，后进入研究生院学习金融学，毕业后先后在能源、食品和家具公司从事财务工作，职位一路攀升，但所承担的核心职能始终没变，最后她在国际电话电报公司担任首席财务官一职。她回忆道："我一直都很喜欢数字及其与公司运营的关系，数字能告诉我如何思考。"然而，在这一过程中，拉莫斯也学会了跳出自己的特定领域进行思考，她认识到清点现金非常重要，但这还不足以让她了解如何分配资金。她开始思考怎样让公司的职能与部门协同，尽管这不在她的职权范围内。

当国际电话电报公司被拆分为 3 家独立公司时，董事会认为首席财务官有能力运营其中一家子公司。虽然她尚没有这方面的经验，但董事们相信，她可以通过最高领导层的工作来拓展专业知识，因为她已经像一位首席执行官一样思考了。

这正是考验拉莫斯作为一名多面手的能力的时刻，她要全权负责每一项决策的每一个方面，但董事会分配给她的这家子公司问题重重——身负石棉赔偿责任、艰难的运营状况以及东拼西凑的部门。

虽然子公司的正式名称为"国际电话电报有限公司"（ITT Inc.），但职员在闲聊时将它称为"残骸公司"，有时干脆称它为"另一家公司"。因此，拉莫斯不再只是报告年终财务结果，她要迅速提升自己的技能，并且确保公司有必要的资金来生产海水淡化系统、减震器和水泵，并将它们销往世界各地，从而为公司带来收益。同时她也需要学习如何改造整个企业。她必须精简部门，加强部门之间的联系，将松散无序的组织变成一个条理清晰、能够独立运营的公司。

董事长弗兰克·麦金尼斯（Frank MacInnis）认为拉莫斯已经做好了准备。在拉莫斯担任首席财务官时，她向董事会所做的工作汇报总能给麦金尼斯留下深刻印象，他说："我知道，这就是人们希望从首席执行官那里得到的报告。"这意味着，虽然拉莫斯还没有得到正式的任命，但她已经理解了首席执行官工作的复杂性。麦金尼斯回忆道，拉莫斯的规划兼具深度和广度,她似乎比首席执行官更了解运营细节。她会报告公司目前的现金状况,这是首席财务官分内的工作,但随后她也会指出应该如何处理现金,实际上这不是财务问题,而是企业战略问题,在首席执行官的职责范围内。

对拉莫斯来说,这种意识的拓宽是自然而然的。她解释说,在财务工作中,你不需要整合所有的部分,但作为首席执行官,你需要"花时间把所有的点联系起来"。现在,站在整个公司的最高层,站在首席执行官的位置上,拉莫斯意识到她必须更加关注公司的战略、价值观和文化。以往她只在幕后发挥作用,但现在她逐渐认识到,自己也代表了公司的公众形象。

麦金尼斯告诉拉莫斯,他和其他董事之所以选择她,是因为她已经学会了处理公司一把手的主要事务。他对拉莫斯解释道:"你说话的时候就像一个公司的经营者。"因此，麦金尼斯和其他董事会相信，虽然长期以来拉莫斯只在一个部门任职过，但她能够进行全面的思考和判断，在做出重大决策时，可以将公司各个独立的部门整合到一起。但拉莫斯还是对这项任命进行了慎重的考虑。她知道自己对如何运营生产线的了解不多。她承认这是自己的弱点。现在要想积累这方面的经验为时已晚，但为了使自己的战略适应公司的需要，她决定邀请经验丰富的运营人员来弥补自己在技能上的不足。

除了担任首席执行官的头几个月所面临的挑战之外，由于公司分拆的不确定性以及被认为是"另一家公司"的被当作"孤儿"的现状，员工士气大受打击、萎靡不振，他们对工作保障和职业道路产生了怀疑，甚至连公司的债务偿付能力也受到了质疑。拉莫斯知道，国际电话电报公司新成立的子公司几乎都没有和她管理的子公司共同的历史或身份认同——他们"不知道自己是谁"。

然而，试图弄清楚这个小型子公司的特性似乎还算不上一个严峻的挑战，更大的问题是，拉莫斯必须清楚她的新角色与以往有哪些细微差别。"人们会注意你说的每一句话，我必须非常仔细地倾听团队中每一个人的意见。当他们遇到问题的时候，我就也遇到了问题，我必须仔细倾听。"她也更加清楚地认识到，该子公司的新高管各不相同，每个人都需要有自己特定的方向。与此同时，她还学到了一点，那就是最好让不同于她的多样化人才加入该子公司的核心团队。

总之，拉莫斯花了5年时间为该子公司确立了新的使命、身份、品牌、声誉以及工作习惯、员工情绪调节和规范。她将各个部门整合在一起，将业务从一个地区转移到另一个地区，并精简了员工队伍。在考虑接受首席执行官任命的时候，她非常清楚自己以往的经验存在局限性，与新岗位的要求并不匹配，这可能会带来负面影响。她不希望表达任何不真实的东西，也不想采取任何不忠于自己的做法。她警告自己："如果你带来的不是你自己的东西，人们就会看出来。"这将不可挽回地损害其他人对她的信任。

在拉莫斯的领导下，该子公司成功应对了油价的急剧下跌，减少了石棉债务，树立了共同目标，并以独立的身份为一系列私人制造商甚至公共机构提供工程产品。2018年是拉莫斯担任首席执行官的最后一年，该子公司的年收入超过27亿美元，而她担任首席执行官前一年该子公司的年收入是19亿美元。从拉莫斯上任的第一天到最后一天，标准普尔500指数的价值上涨了123%，而该子公司的市值增长了161%。一位股票分析师在拉莫斯任期即将结束时写道："我们相信，即将卸任的首席执行官丹尼斯·拉莫斯是战胜怀疑论者的功臣。"

拉莫斯走上公司最高领导层之前还没有完整的领导者履历，但这不妨碍她创造价值。她的思考广度已经超出了财务职能的范围，之后她也学会了将所有部门整合成一个功能完整的整体。拉莫斯说："你必须满足公司目前的需求。"她在一家子公司刚刚成型的时候接手，需要随时准备发明创造、说服他人和随机应变，同时要对公司进行重组和规范，并向持怀疑态度的客户和股权所有者解释这家"残骸公司"的战略甚至其存在的意义。总之，她将自己早期的首席执行官思维带到了实际的领导工作中——这是她担任首席执行官时至关重要的领导原则。

第三部分

与团队相关的备忘录

第十二章　团队领导者的备忘录

我们已经为公司、医院还有社区的管理者等个体管理者制定了领导者的备忘录。然而，团队、团队型组织和董事会的领导行动往往使用同一类模板，根据类似的个人经验和学术研究，我们设计了另一套备忘录。在你与团队和董事会共同发挥领导力的时候，这套备忘录可以帮助你找到正确的方向。

我们曾为许多团队工作，也在通过正式或非正式的方式帮助这些团队提升领导力。根据有关团队领导力的一系列研究，我们总结出如下内容，为团队领导者提供指南。

团队领导者的备忘录

（1）学习：从认知与情感两方面加强团队管理。

（2）精心设计：为团队成员安排各不相同但内容明确的任务，并设立清晰的任务目标。

（3）建立认同感：分享经验、增强友情、创造一套规范和价值观。

（4）保持动态：随着市场的变化调整团队的期望和任务。

（5）保持多样性和包容性：提升团队成员背景和经验的多样性，全面参与团队的工作和成就分享。

（6）保持适当的团队规模：团队规模不能太大，也不能太小。

（7）设定令人信服的方向、牢固的团队结构、能够提供支持的环境和共享的心态。创建一个团队议程、内外部的支持结构与统一的思想，使团队成员能够团结一致，朝正确的方向前进。

如图12-1所示,从压力与业绩之间的曲线关系可以看出团队领导者的备忘录的价值。对个人和领导不善的团队来说,当他们处于"恐慌点"的左侧时,压力会增加导致人的肾上腺素分泌增加,从而使人集中精力、调动能量。但是来到"恐慌点"的右侧后,他们会无法再进行清晰的思考,也难以认真推理。然而优秀的领导者可以使团队更有能力抵御这种压力,从而将"恐慌点"往右推。随着压力的增大,他们的决策质量和绩效非但不会降低,反而会提高。正因如此,武装部队长期以来一直将战友情谊视为其主要作战部队的重要根基之一。同样,许多公司一直致力于团队建设和发展。在良好的组织领导下,无论是军事部队还是商业团队,都能够在充满挑战和风险的情况下及时做出正确的决策。

▶ 领导者的备忘录（10周年纪念版）

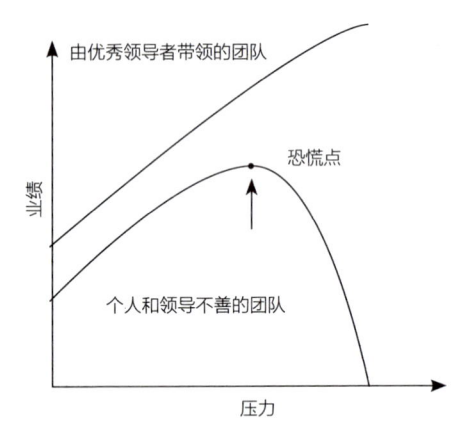

图 12-1　压力与业绩的关系曲线

第十三章 团队型组织的备忘录

在《赋能：打造应对不确定性的敏捷团队》（*Team of Teams: New Rules of Engagement for a Complex World*）一书中，斯坦利·麦克里斯特尔（Stanley McChrystal）提醒我们，任何规模的公司都是团队型组织，总经理将不同的团队、部门、办公室、职能人员和办公区整合在一起，但他未必是他们的一部分。因此，我们建议团队型组织制定一个包含2项关键内容的备忘录，将所有团队联合起来。

1. 创建企业文化：塑造团队的共同心态与共同使命

2020—2021年，由于新冠肺炎疫情的肆虐，人们进行面对面的接触受限。公司领导者如何通过限于线上软件的人际互动来维持企业的目标、方向和能量？需要远程领导或当人际交往受到大幅限制的时候，企业文化可以成为团结公司内各个团队的重要媒介。

为了证明这一点，我们对强生公司进行了研究。该公司在新冠肺炎疫情暴发之前就已通过看似简单的方式解决了远程领导的问题。强生公司的部门庞杂，涉及消费品、药品和医疗设备等，生产从创可贴和止痛药到抗感染药物和髋关节置换假体等各种产品，是美国规模最大的公司之一，公司旗下有260多家营业公司，多次位列《财富》500强前50名。但该公司也曾面临产品召回和巨额罚款损失。

强生公司成立于1886年，几十年后，随着员工数量增加和公司扩张，高层管理者们开始采用一种书面信条来阐明公司价值观，以此作为面对面式领导的补充。该信条的内容有300多字，强调了公司对员工、消费者和社区的承诺——不仅是对股东的承诺。它通过简洁的表述，说明公司宗旨，从而为所有员工提供指引，这样一来，公司领导者无须再亲自对每个人进行这方面的指导。这样的信条已成为强生公司的标志之一，它言简意赅地表达了每个人都应承担的公司理想，是指导员工行动的通用模板，能够将数千个团队团结在一起，共同解决问题。

尽管许多公司都有类似信条的宣言，但与其他公司相比，强生公司在发展进程中更加强调其信条，一直在践行并不断强化这套信条。事实上，强生公司创造了一种工具，首席执行官无须亲自出马，就可以在整个公司内发挥其领导作用，传达他希望所有团队成员了解的内容。但是，虽然这套信条可以在数年时间内引领企业文化——在强生公司，这一点是不可动摇的——但它的语言可能也会落后于时代，这削弱了其影响力。

2012年，强生公司第七任首席执行官亚历克斯·戈尔斯基（Alex Gorsky）上任。他认为，从前任继承而来的信条已过时，其措辞已落伍，影响力也已减弱。如果要发挥领导力，必须对该信条进行更新，使其更符合现代的特点，但也需要谨慎行事。

强生公司的市场全球化程度日益加深，客户更加多样化，员工的目标更加明确，诉讼造成的损失也更大。戈尔斯基观察了较年轻的X世代[①]和千禧

[①] 指20世纪50年代后期到20世纪60年代出生的人。——编者注

一代[1]，发现他们"希望成为比自身更大之物的一部分"。

对他来说，老信条的用词似乎不够响亮，其中一些陈述不够清晰，其他的内容也不再适合当下。在早前的泰诺中毒事件和召回危机[2]中，这一信条使数千人团结在一起，但戈尔斯基认为，信条应对未来危机——也许是新冠肺炎疫情——的力量明显在减弱。但是，老信条作为公司一直以来的指导纲领已有大约75年的历史，它的大部分内容仍然有效，如果对信条的修改不慎出错，将有损戈尔斯基本人的声望。

戈尔斯基私底下针对修改信条的可行性和风险

---

[1] 指出生于20世纪时未成年，在跨入21世纪以后达到成年年龄的一代人。——编者注
[2] 指1982年在美国芝加哥地区发生的有人因服用强生公司生产的含氯化物的药品泰诺而中毒死亡的严重事故。——译者注

进行了多年的思考，最终向高层领导团队提出了修改意见，该领导团队是公司的执行委员会，包括十几名运营部门和公司职能部门的负责人，涉及医疗器械、药品、人力资源、供应链和金融等领域。这些人会直接行使领导权，他们的同意是修改信条的必要条件。

执行委员会最初的反应证明，戈尔斯基对此事所持的谨慎态度很有必要。一些成员原则上支持更新信条，但他们需要先了解新信条的内容。其他人则反对任何针对老信条的修改。有人提出质疑：公司运营良好，这意味着当前使用的老信条发挥了良好的作用，那么为什么要进行修改？

但戈尔斯基没有气馁，他给出了一份有修改标记的老信条文本，供执行委员会审查。经过几个月的反复思考，戈尔斯基利用一个周末的时间在家里起草了最终版本，然后向执行委员会和董事会提交了修订版的信条,请他们进行最终审查。但最后的批准将由他一人负责。

在戈尔斯基的修订版信条中,患者成为公司需要负责的首要对象,地位超越了医护人员;公司要专注于战略而不仅是削减成本;在工作中要设置目标,而不仅是做工作保障;增加职场多样性;让"有能力的领导者"取代"称职的管理者";将公共卫生作为优先事项;强调长期坚持研究和创新。

对戈尔斯基来说,接下来面临的挑战是向公司员工传达修订后的信条,从而让员工将信条坚持下去,否则,它就只是一堆空洞的辞藻。在一次私人电视广播中,他向强生公司的10万多名员工介绍了修订后的信条。戈尔斯基要求每位管理者每月与直系下属会面,讨论新信条对其行动的影响。在广播演讲的过程中,戈尔斯基的声音几度沙哑,足见他所承担的高风险与领导力的重要程度。

如果领导得当，企业文化所能提供的领导作用往往超出人们的认识。它能使中层管理人员和高层管理人员在数百个团队中发挥影响力，这是用其他方式难以实现的成果。如果企业文化经过精心构思并得到了广泛的接受，可以使管理者的领导力倍增，但前提是要定期对企业文化进行适当的更新。然后，用戈尔斯基的话来说，信条在公司内的领导价值肯定会"比我们所有人的领导价值更加持久。"

2. 构建结构

2018 年，字母表公司[①]（Alphabet）报告年利润为 310 亿美元，苹果公司净赚 590 亿美元。当然，

---

① 谷歌重组后的"伞形公司"。伞形公司是指以投资与被投资关系建立的具有独立法人代表的公司，组成相互关联的公司群体。——译者注

这些成绩都令人印象深刻。但那一年能赢得奖杯的组织只有一个。我所谓的"奖杯"是蒂芙尼公司（Tiffany）设计的 22 英寸（约 55.88 厘米）高的文斯·隆巴迪（Vince Lombardi）奖杯，立于奖杯顶部的是一颗与实物一比一纯银铸造的美式橄榄球。这座奖杯将授予在美国职业橄榄球大联盟总决赛"超级碗"大赛中获胜的球队。

美国职业橄榄球大联盟的 32 支球队的老板早已想象过自家球队夺冠时的欢庆场景，费城老鹰队的杰弗里·卢里（Jeffrey Lurie）也不例外。他想象作为球队的拥有者，在数千万球迷的关注下接过奖杯。2004 年，费城老鹰队曾打入过"超级碗"大赛，结果惜败于新英格兰爱国者队（New England Patriots）。在 2018 年 2 月 4 日的第 52 届"超级碗"大赛中，两队再次相遇，但这一次，卢里终于到达了他在美式橄榄球职业生涯中的巅峰时刻。

距离比赛结束还剩 9 分 22 秒的时候,两队比分为 33∶32,新英格兰爱国者队领先。赛前博彩机构给出的分数差是新英格兰爱国者队让费城老鹰队 4.5 分①,前者曾于 2002 年、2004 年、2005 年、2015 年和 2017 年赢得"超级碗"冠军。在这场比赛中,新英格兰爱国者队四分卫汤姆·布拉迪(Tom Brady)表现出色,传球距离达到 505 码(约 461.77 米),打破了"超级碗"大赛的传球码数记录。但费城老鹰队靠着场上的替补四分卫,在比赛最后 9 分钟内连得 10 分。这是一次了不起的逆转,它激励了这座一直渴望夺冠的城市以及全国各地的球迷,他们都在享受这场不可思议的胜利——费城老鹰队是战胜

---

① 此处是指博彩公司在橄榄球、篮球等赌赛中设定的强队与弱队的分数差,若下注者押费城老鹰队胜,那么费城老鹰队最终获胜或输 4 分与 4 分以内,则下注者赢。——译者注

困难的后起之秀。

根据实践经验与理论研究，我们发现，对任何组织的领导不仅依靠高层管理者（即这个案例中的球队拥有者），更要依靠高层团队（即这个案例中的球队拥有者、总裁、主教练和球队事务主管组成的团队）。一家公司的高层团队，即"核心团队"，也叫"最高管理层"，首先由其职位头衔来定义，但其影响力取决于团队内部的团结程度。一个有凝聚力的核心团队并非将一群相互孤立的高管聚在一起，它需要团队成员有共同的愿景、相互尊重且专业知识互补。通过对组织绩效的研究，我们发现，公司内的跨界合作越多，公司业绩越好——这也是费城老鹰队的老板所坚守的理念。

在卢里接管费城老鹰队的最初几年里，球队的老板、总裁、主教练和球队事务主管基本上都是独立工作，专注于履行自己的职能，较少与他人商议。

但卢里意识到,这些人的责任是相互依存的,于是他试图打破职位的界限。这些管理人员虽然保持了明确的职责范围,有各自负责的任务,但他们也在尽力分享自己的智慧。

例如,费城老鹰队的总裁唐·斯莫伦斯基(Don Smolenski)和球队事务主管豪伊·罗斯曼(Howie Roseman)会一起观看费城老鹰队的所有比赛,无论是在主场的还是在客场的。在那15年前他们就曾这样做过,只不过后来中断了,如今他们身为高管,重新拾起了这一做法。他们两人一个要保证体育场为比赛做好准备,另一个要保证球员为比赛做好准备,日常职责截然不同,但目标一致。他们一起在赛场边讨论场上的局势,就场上场下的重要影响因素发表各自的见解,从而加深他们对这一问题的理解。他们经常坐在一起,讨论橄榄球和商业问题。同样的,球队的拥有者和球队经理也经常坐在一起,携手解决球员选拔和交易截止日期等问题。

核心团队内四分之三的成员早就加入了球队。卢里本人在1995年成为球队的拥有者,罗斯曼和斯莫伦斯基分别于2000年和1998年加入球队。但卢里认为,如果这些高层领导者能够像一支球队的球员一样,不论供职时间长短都能团结一致,那么真正的球员在场上的表现将更加优秀。他将高层管理者组成的核心团队的概念扩展为"团队型组织"结构,各职能团队努力实现自己的目标,同时也相互协作,共同实现公司的目标。例如,美国陆军军装的翻领面饰颜色代表了兵种:绿色代表特种兵,黄色代表装甲兵,蓝色代表步兵。但当一名军官晋升为将军时,无论他属于哪一兵种,都会着黑色军装,表明他们将在履行特定职能的同时,对整个组织负责。

在费城老鹰队,被分配到特定位置的球员也是

"球员休息室"的基本组成部分,他们选出的代表会在球员委员会中与其他部门合作,包括教练、高层管理人员以及专门负责体育科学、体育场馆运营和社区关系的专业人员。当时费城老鹰队内效力时间最长的球员布伦特·塞莱克(Brent Celek)解释道:"美国职业橄榄球大联盟的球员都很骄傲,人人都想拿球。"尽管如此,他说,主教练道格·佩德森(Doug Pederson)还是坚持"努力让每个人都参与进来,每个人都有比赛可打。你知道自己是球队的重要组成部分。这种比赛策略意味着每个人都有自己的角色。"

赛场外也能看到团队型组织的象征。打同一位置的球员经常一起吃饭,或者一起参加社区活动。社区关系主管朱莉·赫西(Julie Hirshey)说:"当我们要求一名球员参观学校或儿童医院时,他们会立刻给你一种'交给我没问题'的感觉。如果没有阻力,当一个球员愿意去的时候，同位置的球员都会去。"

完善核心团队是卢里最重要的领导举措之一。随着最高管理层的成员与球员的合作加深，一种超越职能的横向纽带也随之得到了强化，为每个人的工作以及所有人的共同表现提供了支持。办公室主任蒂娜·多拉齐奥（Tina D'Orazio）说："当人们知道高层领导者相互信任时，这种信任就会渗透到整个组织中。负责橄榄球运动的一方和负责商业的一方可能会出现矛盾，但我们会看到，他们能够通过讨论解决问题。"

仔细观察这家公司可以发现，俱乐部的结构有助于改变领导力。卢里建立了一个走向成功的结构，即使他需要 20 年才能靠它夺得奖杯。

第十四章　董事备忘录

管理层可以推动公司的战略和领导力发展,监督机构或董事会也可以在这两方面发挥重要作用,公司董事越来越需要与高管合作完成这项任务。幸运的是,许多非执行董事在经营自己的公司的过程中积累了丰富的经验,因此非常愿意为公司的战略和领导做出贡献。

他们面临的挑战是定期、系统地将这些专业技能带到董事会来,因此有必要制定一套董事备忘录,这是一份关键领导原则的清单,能够让董事与高管有条不紊地参与到公司战略和领导中。

我们首先为涉及领导与管理的各方制定备忘

录——无论是董事、高管、董事长、所有者还是投资者——列出他们在构建、指导和评估公司管理时提出的问题，频率至少是每年一次。虽然为了方便说明，我们将重点放在董事会上，但实际上，备忘录可以用于咨询委员会、产品团队、工作组、营销团队或任何小组或集会。董事长的领导角色可以扩展至小组组长和团队负责人。

董事备忘录 1：针对高管与董事的问题

- 公司高管与董事是否有一个富有说服力的战略，能够创造价值并提高优势？
- 公司高管与董事是否有能力进行战略性思考和行动？
- 公司的组织结构是否有利于执行其战略？
- 公司所有的高管和董事能否为公司的战略和领导力增加价值？

董事备忘录 2：挑选董事长的标准

个人能力

- 具备丰富的领导经验，包括应对危机的领导经验。
- 能够得到其他董事的尊重与信任。
- 善于合作，为人内敛。
- 从私人层面与其他董事建立联系。
- 对自己有信心，坦然接受生活赐予自己的一切。
- 有韧性，敢于面对挫折并克服挫折。
- 非常坦率，希望与他人坦诚相待。

专业素质

- 具备领导他人的丰富经验。
- 能够体现对公司核心理念、战略和运营问题的掌握，并基于丰富的经验做出明智的判断。

- 淡化自身利益,做首席执行官值得信赖的顾问与合作伙伴。

- 表现出对公司管理(包括监督与领导)的热情。

- 将个人的时间与情感能量投入领导董事会的工作中。

- 善于倾听并提出想法,了解其他董事的想法,明确董事的不同观点,鼓励他们表达潜在的担忧,并集中进行讨论。

- 有效发挥影响力,进行企业外交[①],提供建设性指导。

- 诚实正直,并以此要求所有的董事和高管。

董事会与高管合作的能力也在很大程度上取决于董事长的领导技能,无论该董事长是身担一职还

---

① 指企业与外部利益相关者建立关系。——编者注

是同时兼任首席执行官。这份由 2 部分组成的备忘录基于对中国、印度、美国等国家董事会领导能力的研究，可用来为董事会挑选合适的董事长。它包括了未来董事长需要具备的个人与专业素质，旨在指导即将离任的董事长、首席执行官、其他董事和董事会专门委员会进行思考。

下面这份问题清单可用于考察加入董事会（包括担任董事长）的候选人，它根据一位知名美国律师的建议拟定，该律师曾与多个董事会进行过磋商。

董事备忘录 3：用于审查董事会候选人的问题

- 有时，高管、公司所有者或监督治理机构可能会为了某种结果而向董事施加压力。在这种情况下，你在董事会上做出过或会做出怎样的反应？

- 你是否曾在这样的董事会中任职：你认为某些董事的所作所为并不符合公司的最大利益？对此

你做了什么？

- 请描述你与另一位董事在公司战略或公司领导方面出现的一次严重分歧，并描述你们如何解决了问题。

- 当公司的短期季度业绩与长期发展出现矛盾时，你将如何处理？

与公司管理层一样，董事会内部的优先事项与外部对它的要求也在不断变化，为了说明这一点，这里提供一份备忘录，供美国公司的董事和高管们在未来几年内进行思考，这份备忘录上的优先事项不同于以往其他时间的备忘录和其他地区的备忘录中的优先事项。无论备忘录中的条目罗列依据是时间还是地区，最重要的一点是，在招募新董事和制定董事会议程时，要突出特定时间和地区的优先事项和需求。

董事备忘录 4：美国董事和高管在未来几年面临的事项

- 以董事会业绩为中心。许多董事会将大部分注意力集中于提高自身业绩和应对年度自我评估中发现的问题。

- 审查董事会组成。董事会成员面临着来自新的业务挑战与利益相关者期望的压力。今天的董事们比以往更加关注董事会成员是否拥有有效的专业技能和经验。

- 董事会的多样性和包容性受到关注。利益相关者更加重视董事会的多样性、公平性和包容性，董事会越来越重视招募具有各种背景和经验的成员。

- 董事会的优先事项和行动面临更大的压力。董事的优先事项与业绩仍然受到公司所有者、监管机构和其他利益相关者的审查，这导致董事会的行动一直受到公众的关注，其中包括在环境和社会问

第三部分 与团队相关的备忘录

题上采取的行动。

- 董事们更关心公共健康风险。董事会正积极与高管合作,引导公司度过新冠肺炎疫情所带来的危机,并帮助公司实现复兴。

董事会通过与高管的合作,越来越直接地参与到对企业风险与适应能力的监督中,下面是针对这一现象的董事备忘录。

董事备忘录5:关于风险与适应能力的事项

- 在监督风险方面,董事们承担了更多的审议责任,帮助指导高管管理公司的风险偏好、风险容忍度和风险准备。
- 董事负有特殊的责任,需要识别隐患,包括管理层造成的威胁,如果未发现这些隐患并采取措施,可能造成具有破坏性甚至灾难性的后果。

- 董事可以与高管合作，避免直觉思维，引导董事会和高管团队进行更加慎重的思考。直觉思维会导致公司高管对冲击性极高的小概率风险做出错误的评估。

- 招募曾在其他公司担任执行董事或董事，具有风险管理经验的成员加入董事会，从而加强公司对风险的管理和监督。

- 针对新产品与服务开发过程中的风险，董事可以提供有效的指导与评估，提出关键问题并对高管的假设提出质疑。

- 董事可以发挥特殊的作用，要求高管证实自己的预测、预期结果以及他们所发现的风险，无须对高管进行微观管理[①]。

- 董事长可以加强规范，要求董事在充分了解

[①] 一种管理手法，管理者对被管理者的密切观察及操控，使被管理者完成管理者所指定的工作。——编者注

情况后积极参与风险监管,从而使董事更加主动地参与与被监管者的实质性对话。

- 公司董事也可以召见高管并对其进行培训,使其能够更加慎重地思考公司面临的威胁。

公司的所有者与投资者拥有各自的担忧,因此这里提供一份备忘录以供参考:

董事备忘录 6:针对所有者与投资者的问题

- 董事会是否选择了合适的董事长,并制定了确定下一任董事长的程序?
- 董事长是否能组织有效的会议,并确保首席执行官收到董事的真实反馈?
- 董事长能否与高管通力合作?同时与董事做好准备对犹豫不决的首席执行官进行指导或将其免职?
- 董事长是否提供了董事直接与公司所有者或

投资者进行沟通的渠道?

- 董事会是否每年评估董事长的业绩?
- 董事长是否安排了准备充分的董事担任关键委员会的主席?
- 董事长是否会定期与其他董事进行线下商议?
- 董事长是否使董事专注于公司的战略挑战与领导力?
- 董事是否在积极地与高管合作,从而在关键决策上发挥对公司的领导作用?

应用备忘录:联想集团的全球化

为了说明如何应用这些备忘录,我们可以参考全球最大的个人计算机公司之一——联想集团的案例。该公司正逐步实现业务全球化。我们见证了董事在确定公司战略和领导力方面的核心作用,也看到了他们为实现公司全球化所进行的整合。

联想集团的前身北京计算机新技术发展公司成立于 1984 年，1998 年更名为联想集团控股公司，是中国最大的计算机制造商，但现任董事长兼首席执行官杨元庆解释说："在这个领域，如果你只想保持在中国市场的地位，就很难维持高增长率。"因此，联想集团收购了 IBM 的个人计算机部门，并在收购过程中积极思考董事备忘录 1 中的 4 个问题，以加强其董事和高管的战略性思考能力与领导力。例如，针对其中的第一个问题，联想集团调整了董事会成员，并修改了加入董事会的程序，从而使来自不同国家的董事都能做出贡献。针对其中的第二个问题，联想集团拓展了董事会的注意力范围，将重点放在公司跨国经营的战略与领导上。

在收购 IBM 个人计算机部门的前一年，联想集团有 4 位非独立董事和 3 位独立董事。相比之下，收购后的董事会由5位执行董事、3位私募股权董事和3位独立董事组成。收购之前,7位董事全部是中国人或华裔。收购之后,11位董事中有4位美国人。收购之前,董事会会议一直以中文进行,但收购之后,英语成为会议语言。收购之前,董事长和首席执行官都是中国人;收购之后,董事会主席是中国人,首席执行官是美国人。收购时,联想集团的首席财务官马雪征解释道:"联想将成为一家以国际化方式运作的国际化公司。"现在董事会实现了国际化。联想集团的非执行董事单伟建补充道:"我们不希望让人们感觉是一家中国公司收购了一家美国公司。我们想要的是一个整合的过程,而不是一方接管了另一方。"

完成收购后,联想集团的董事们迫切需要为董事会注入新鲜血液,新董事将为公司的战略与企业领导力增添丰富的经验。杨元庆表示,董事会新成员的选拔标准包括高管经验和战略愿景。例如，针对一个董事会席位，联想集团审查了20多名候选人，然后将名单缩小至4人，最终选择了约翰·巴特（John Barter），他曾担任联合信号公司（AlliedSignal）的首席财务官，并主管有超过35 000名员工的汽车部门。他之所以能够当选，是因为他在领导大幅盈亏的公司部门方面拥有丰富的经验。

在收购了IBM的个人计算机部门后，联想集团的董事不再只是职责相对有限的监督管理者，而是更加积极地参与公司战略和领导。联想集团的创始人兼董事长柳传志说："收购IBM的个人计算机部门是一个分水岭。在此之前，董事会没有发挥太大的作用。"收购之前，董事会主要关注审计与薪酬问题，但收购之后，他们将发挥更大的作用。

董事会的壮大使董事们直接参与指导整合战略，将联想集团与IBM的不同运营风格融合在一起。

领导者的备忘录（10周年纪念版）

IBM的商业模式是挑选企业客户，然后围绕其建立牢固持久的关系；而联想集团与许多零售客户建立了一种相互作用的模式。尽管IBM个人计算机销售的主要方式是与大型企业建立关系，但联想集团管理层预计，全球的零售业将实现更大幅度的增长，面对这种趋势，重组后的董事会需要提供相应的战略指导，寻找在海外建立零售模式的最佳机会。

为了确保战略与领导力的协调一致，联想集团成立了董事会战略委员会，代表董事审查公司的中长期决策。其成员包括2位来自中国的执行董事，杨元庆和柳传志，还有2位来自美国的非执行董事，詹姆斯·库尔特［James Coulter，私人股权投资公司美国得克萨斯州太平洋投资集团（Texas Pacific Group）的合伙创始人］与威廉·格雷布［William Grabe，私人股权投资公司泛大西洋投资集团（General Atlantic）的常务董事］。

联想集团董事会每个季度召开一次会议——但战略委员会每月召开一次会议——讨论公司发展方向和文化整合等一系列问题。杨元庆表示,委员会作为"公正的第三方",有助于防止中国特点较明显的部门与美国特点较明显的部门之间出现"冲突"。收购后担任集团首席执行官的威廉·阿梅里奥(William Amelio)表示,从自身经验来看,董事与他和其他高管共同从一系列选项中进行选择,从而确定"能够最大限度提高公司核心竞争力的好点子"。

联想集团的董事还直接参与了高管继任的决策,这是公司领导层的关键决策,在收购IBM个人计算机部门之前,董事在这一方面没有任何权利。收购IBM后,私募股本公司的2位独立董事库尔特和格雷布在第一任首席执行官的更换中发挥了关键作用。在交易进行时,IBM的斯蒂芬·沃德(Stephen Ward)似乎是担任首席执行官的理想人选,杨元庆将担任董事长。但几个月后，董事会战略委员会认识到，沃德的领导能力与公司新的发展方向不匹配。供应链效率对于确保合并公司的盈利能力至关重要，但沃德没有在成本意识极强的市场中积累提升效率所必需的经验。

针对董事备忘录1中的第二个问题，董事会要求联想集团的高管反思公司新的经营领域。在收购的前一年，即2004年，公司的高管团队均由中国人组成；到了2007年，即完成收购2年后，18名管理高层成员中，有6人来自大中华区，1人来自欧洲，剩下11人来自美国。

董事备忘录1中第四个问题提到：公司所有高管和董事能否为公司的战略和领导力增加价值？联想集团坚持将一系列战略问题提交董事会审查并做出最终决策。这些问题包括在产品上保留IBM商标的时间（收购协议允许保留5年）、未来进行哪些新的收购项目、要进入哪些相邻产品领域以及是否要开发连接笔记本电脑和台式机的设备。

时任首席执行官的阿梅里奥表示，战略委员会尤其要"考虑所有的选项，并彻底审查、权衡各种行动方案的利弊。"根据阿梅里奥的经验，来自2家私募股权公司的2位美国董事在收购方面拥有丰富的经验，因此他们对未来决策的评估具有极高的价值。阿梅里奥表示："他们的意见非常宝贵，因为他们最重要的经历就是大量的收购与兼并。"

一次，当联想集团高管考虑收购另一家个人计算机制造商时，战略委员会甚至整个董事会都在积极考虑该计划的可行性，如果继续推进该计划，需要以什么价格进行收购。"每个人都参与其中，"非执行董事单伟建说，"因为这是整个公司的问题。"最终联想集团放弃了收购计划，因为董事会对该交易的潜在价值提出了质疑。

董事会战略委员会在评估公司领导力方面也发挥了极其重要的作用。董事长与首席执行官向委员会和董事会提交年度自我评估与360度反馈评价[①]结果，董事会根据年度计划中的财务、市场份额、人才招聘等相关目标对高管的目标完成情况进行评估。

根据本章提出的几份董事备忘录，我们看到，在联想集团的董事会决定收购IBM个人计算机部门以开启全球化进程的前后，公司的运作方式发生了巨大的变化。在收购之前，董事会的运作没有战略委员会或年度绩效审查内容，现在两者都有。此前，董事会的决策主要局限于会计审计和股东权利方面。现在，他们的决策范围从品牌到采购都有涉及，并且扩展至战略和领导力。

[①] 指被考核人的上级、同级、下级和客户等对其进行评价，通过评价知晓各方面的意见，以达到让考核人提高的目的。——编者注

因此，收购 IBM 个人计算机部门之后，董事会在公司战略和领导力方面发挥了更大的作用。他们更换了第一任首席执行官，放弃了一项收购计划，并促进了不同部门的跨文化融合。联想集团收购了 IBM 个人计算机部门，并对其董事会和管理层进行重组，以更好地制定战略并领导公司。在那 10 年之后，联想集团在全球个人电脑的市场占有率跃升为第一。

为了充分发挥董事会的作用，制定一套董事备忘录是一个行之有效的方法，它有助于确保董事和高管密切关注如何在董事会会议上实现战略与领导力的最佳整合。

第十五章　总结

领导者的备忘录是领导行动的触发器。要充分利用这个备忘录，就必须立足于实践经验和分析证据，高效应用所有关键原则，根据你所处的时间和地点调整和定制备忘录，将备忘录扩展至团队、团队型组织、董事会、整个公司。

最重要的是，应该积极地反复运用备忘录来指导决策与行动。明智的做法是以备忘录为依据，召开线上线下会议、头脑风暴或董事会会议。在这个过程中，你可以根据备忘录中的每一条原则提出一组问题，这些问题几乎适用于所有情况，能够帮助你检验、重新检验、完善和更新自己的准备状态。

第三部分 与团队相关的备忘录

以下是针对 16 条领导者的备忘录中的原则的提示性问题：

（1）阐述一种愿景。

- 我的直系下属能否看到"整片森林"，而不仅是"树木"？
- 公司的每个人是否都知道我们未来的目标以及为什么要实现该目标？
- 这个目标是否令人信服且具有吸引力？

（2）进行战略性思考和行动。

- 我们是否有一个既可以创造短期业绩，又可以规划未来的切实可行的计划？
- 我们是否已经考虑到所有竞争参与者并预测到了每一个障碍？
- 每个人是否都已接受并且可以解释公司的竞争策略和价值驱动因素？

（3）尊敬同一屋檐下的人。

- 其他人是否知道你尊重并重视他们的才华与努力？

- 你是否已经明确表示一直在为员工寻求向上发展的指导？

- 一线员工是否有参与意识，他们是否自称为"咱们"而不是"我们"？

（4）负责并领导变革。

- 你能否在还没有正式接管或全权负责的情况下就做好承担责任的准备？

- 如果是上一问那样，你是否有承担责任的能力和立场？

- 对于未来的技术决策，你是否已做好准备放权但不放任？

（5）果断行动。

- 你的大部分决策是否合理且及时？

- 你是否传达了自己的战略意图并允许其他人做出自己的决策?

- 你是否在掌握了70%的信息时就做出了决策?

(6)以有说服力的方式进行沟通。

- 关于愿景、战略和执行的信息是否清晰且持久不变?

- 你是否已经动用了从个人到社会媒体的所有沟通渠道?

- 在电梯从1楼到10楼的这段时间里,你能否进行一次引人入胜的说明?

(7)激励全体员工。

- 你是否已经确认了每个人的"热点"并给予其关注?

- 你是否在大多数沟通的过程中融入了个人自豪感与共同目标?

- 你是否做好了准备,以应对紧急情况下的需要？

（8）深入一线。

- 你是否清楚地表达了自己的意图，并且授权周围的人采取行动？
- 你是否经常与那些直接联系客户的人会面？
- 每个人是否都会向你表达他们的观点和担忧？

（9）在他人中间建立领导力。

- 所有的管理者是否都希望在下属中树立领导形象？
- 企业文化是否培养了高效的领导方式？
- 大部分管理者是否有机会提升其领导力？

（10）维护关系。

- 等级制度是否降低至最低限度？坏消息能否向上传递？
- 管理者是否有自我意识和同理心？
- 专制、自我中心和易怒的行为是否受到谴责？

（11）确定对个人的影响。

- 员工是否理解公司的愿景和战略对个人的影响？
- 为了实现共同事业，需要员工做出哪些个人牺牲？
- 该计划将如何影响个人生活和工作生活的质量？

（12）使他人了解你的品性。

- 你是否以诚信的态度传达了对绩效的承诺？
- 组织中的人是否了解你？他们是否欣赏你的抱负和计划？
- 在过去的一年里，你是否与所有的共事者进行过沟通或接触？

（13）避免过度乐观与过度悲观。

- 你是否为组织应对小概率但后果极其严重的事件做好了准备？
- 在庆祝成功的同时，你是否防范过度自信导致的意外结果？

- 你是否为完成季度业绩与长期业绩铺平了道路?

(14)打造一个多样化的卓越团队。

- 你是否已经将一些业绩突出的人纳入核心团队?
- 他们是否具备多样化的专业知识和统一的目标?
- 他们是否同你一样勇于担当且充满活力?

(15)将共同利益放在首位。

- 你是否为公司实现目标做出了贡献,甚至帮助公司定义了目标?
- 在所有决策中,你是否将共同的信念置于个人利益之上?
- 公司的愿景和战略是否体现了公司的使命?

(16)像首席执行官一样思考。

- 即使你不太可能成为董事长或首席执行官,你是否也能像董事长或首席执行官那样理性思考?
- 如果你是公司的首席执行官,那么你会对现在的你在领导力方面有哪些期望?

第三部分 与团队相关的备忘录

- 你能否统一领导所有的职能与业务?

上述全部问题未必适用于每一种情况,但它们具有一定的普适性,值得你慎重思考——它们可以激励你践行这些领导原则,或者激励你在办公室度过一天,关注现场之外的事件,组织一次线上会议,或是面对一场紧急危机。正是这些问题背后的16条领导原则共同构成了一个极简但至关重要的领导者的备忘录。当领导力有重大影响时,尤其是在不确定和变化的时期,领导力的作用成为最重要的因素之一,每一条领导原则都不能被忽视。

团队领导者的备忘录、团队型组织的备忘录以及董事备忘录也是如此。有了它们,我们可以避免非受迫性失误,更重要的是,拥有我们所需要的领导力,从而带来更多希望。

参考文献

1. Michael Useem, *The Edge: How 10 CEOs Learned to Lead—and the Lessons for Us All* (New York: Public Affairs, 2021).

2. Albert Einstein, "On the Method of Theoretical Physics," *Philosophy of Science* 1 (1934): 163–69.

3. "IBM to Acquire Red Hat," Red Hat, October 28, 2018.

4. Statista, Global Quarterly Market Share of Cloud Infrastructure Services from 2017 to 2020, by Vendor.

5. Howard Gardner with Emma Laskin, *Leading Minds: An Anatomy of Leadership* (New York: Basic Books, 1996).

6. David F. Freedman, *Corps Business*: *The 30 Management Principles of the U.S. Marines* (New York: Harper Business, 1996); Michael Useem, "Four Lessons in Adaptive Leadership," *Harvard Business Review*, November 2010; "Lead Time," an interview with Warren Bennis, *World Link* magazine, January–February 1999.

7. Adam Bryant, "Never Duck the Tough Questions," *New

York Times, July 17, 2011; Adam Bryant, "Imagining a World of No Annual Reviews," *New York Times*, October 17, 2011.领导者就对其影响最大的能力的阐述,请参见:Adam Bryant, *The Corner Office: Indispensable and Unexpected Lessons from CEOs on How to Lead and Succeed* (New York: Times Books, 2011); Mukul Pandya, Robbie Shell, and Nightly Business Report, *Lasting Leadership: What You Can Learn from the Top 25 Business People of Our Times* (Philadelphia: Wharton School Publishing and Boston: Pearson Education, 2004); Louis V. Gerstner Jr., *Who Says Elephants Can't Dance? How I Turned Around IBM* (New York: Harper Collins, 2003); Bill George, *Authentic Leadership: Rediscovering the Secrets to Creating Lasting Value* (Hoboken, NJ: Jossey-Bass, 2004).

8. Peter Drucker, "Not Enough Generals Were Killed," in *The Leader of the Future*, edited by Frances Hesselbein, Marshall Goldsmith, and Richard Beckhard (Hoboken, NJ: Jossey-Bass, 1996); Noel Tichy, *The Leadership Engine: How Winning Companies Build Leaders at Every Level* (New York: HarperCollins, 1997); Geoffrey Colvin, "How to Build Great Leaders," *Fortune*, November 20,

2009; Hewitt Associates, *Top Companies for Leaders* (Hewitt Associates, 2009).

9. Frances Hesselbein, *My Life in Leadership: The Journey and Lessons Learned Along the Way* (Hoboken, NJ: Jossey-Bass, 2011); Daniel Goleman, "What Makes a Leader?" *Harvard Business Review*, November–December 1998, 93–102; Robert J. House, Paul J. Hanges, Mansour Javidan, Peter W. Dorfman, and Vipin Gupta, eds., *Culture, Leadership, and Organizations: The GLOBE Study of 62 Societies* (Thousand Oaks, CA: Sage Publications, 2004); Mansour Javidan, Peter W. Dorfman, Mary Sully de Luque, and Robert J. House, "In the Eye of the Beholder: Cross Cultural Lessons in Leadership from Project GLOBE," *Academy of Management Perspectives* 20 (2006): 67–90. 其他学术评估的例子请参见：Nitin Nohria and Rakesh Khurana, eds., *Handbook of Leadership Theory and Practice* (Cambridge, MA: Harvard Business Press, 2010), and articles appearing in the *Leadership Quarterly*.

10. Jay W. Lorsch and Thomas J. Tierney, *Aligning the Stars: How to Succeed When Professionals Drive Results* (Cambridge, MA: Harvard Business Press, 2002).

11. Michael Useem, *Investor Capitalism: How Money Managers Are Changing the Face of Corporate America* (New York: Basic Books/HarperCollins, 1996); Michael Useem, "How Well-Run Boards Make Decisions," *Harvard Business Review*, November 2006, 130–38; Michael Useem and Andy Zelleke, "Oversight and Delegation in Corporate Governance: Deciding What the Board Should Decide," *Corporate Governance: An International Review* 14 (2006): 2–12; Michael Useem, "The Ascent of Shareholder Monitoring and Strategic Partnering: The Dual Functions of the Corporate Board," in *Sage Handbook on Corporate Governance*, edited by Thomas Clarke and Doug Branson (Thousand Oaks, CA: Sage Publications, 2012).

12. House, Hanges, Javidan, Dorfman, and Gupta, *Culture, Leadership, and Organizations*; Javidan et al., "In the Eye of the Beholder: Cross Cultural Lessons in Leadership from Project GLOBE," *Academy of Management Perspectives* 20 (2006): 67–90.

13. Peter Cappelli, Harbir Singh, Jitendra Singh, and Michael Useem, *The India Way: How India's Top Business Leaders Are Revolutionizing Management* (Cambridge, MA:

Harvard Business Press, 2010).

14. Michael Useem, Harbir Singh, Neng Liang, and Peter Cappelli, *Fortune Makers: The Leaders Creating China's Great Global Companies* (New York: PublicAffairs, 2017); Michael Useem, "Leading Large Companies in the U.S. and Other National Settings: What Will Be the Same, and What May Be Different?," in *The Study and Practice of Global Leadership*, edited by Gama Perruci (International Leadership Association Building Leadership Bridges Series, Emerald Group Publishing, 2022 [forthcoming]).

15. John P. Kotter and Dan S. Cohen, *The Heart of Change: Real-Life Stories of How People Change Their Organizations* (Cambridge, MA: Harvard Business Press, 2002); 另外还可参见：David A. Nadler and Michael L. Tushman, "Beyond the Charismatic Leader: Leadership and Organizational Change," *California Management Review* 32 (Winter 1990): 77–97; Charles A. O'Reilly III and Michael L. Tushman, *Winning Through Innovation: A Practical Guide to Leading Organizational Change and Renewal* (Cambridge, MA: Harvard Business Press, 2002).

16. Dennis Carey, Michael Patsalos-Fox, and Michael Useem, "Leadership Lessons for Hard Times," *McKinsey Quarterly*, July 2009.

17. Useem, *The Edge*. 案例可参见: "Measuring the Community Connection: A Strategy Checklist for Leaders," American Hospital Association, 2006; William G. Bowen, *Lessons Learned: Reflections of a University President* (Princeton, NJ: Princeton University Press, 2010); Jim Collins, *Good to Great and the Social Sectors* (New York: HarperCollins, 2005); Marshall Ganz, *Why David Sometimes Wins: Leadership, Organization, and Strategy in the California Farm Worker Movement* (New York: Oxford University Press, 2010); John W. Gardner, *On Leadership* (New York: Free Press, 1993); General Accounting Office, *Human Capital: A Self-Assessment Checklist for Agency Leaders* (Washington, DC: GAO, 1999); David Gergen, *Eyewitness to Power: The Essence of Leadership from Nixon to Clinton* (New York: Simon & Schuster, 2001); Mel Gill, Robert J. Flynn, and Elke Reissing, "The Governance Self-Assessment Checklist: An Instrument for Assessing Board Effectiveness," *Nonprofit Management and Leadership* 15 (2005): 271–94; Doris

Kearns Goodwin, Team of Rivals: *The Political Genius of Abraham Lincoln* (New York: Simon & Schuster, 2005); Nannerl O. Keohane, *Higher Ground: Ethics and Leadership in the Modern University* (Durham, NC: Duke University Press, 2006); Mike Krzyzewski and Donald T. Phillips, *Leading with the Heart: Coach K's Successful Strategies for Basketball, Business, and Life* (New York: Business Plus/Hachette, 2001); Pat Summit, *Reach for the Summit* (New York: Broadway Books, 1999); D. Michael Lindsay, *Faith in the Halls of Power: How Evangelicals Joined the American Elite* (New York: Oxford University Press, 2008); Joe Torre and Henry Dreher, *Joe Torre's Ground Rules for Winners: 12 Keys to Managing Team Players, Tough Bosses, Setbacks, and Success* (New York: Hyperion, 2000); Barbara Turnbull, "Evaluating School-Based Management: A Tool for Team Self-Review," *International Journal of Leadership in Education* 8 (2005): 73–79; John Wooden and Steve Jamison, *Wooden on Leadership: How to Create a Winning Organization* (New York: McGraw-Hill, 2005); "Filling in the 'Missing Pieces': How Mary Ellen Iskenderian and Women's World Banking Are Redefining Microfinance", July 7, 2010.

18. Samuel Linn, Alpha Company, 52nd Infantry Regiment (AT), 5/2 Stryker Brigade Combat Team, U.S. Army, Kandahar, Afghanistan, 2009–2010, personal communication; Center for Army Lessons Learned.

19. National Interagency Fire Center, *Incident Response Pocket Guide*, January 2010; New York City Fire Department, Chief Officer Operational Checklists, November 16, 2005.

20. Pre-Sales Checklist prepared by Ralf Klein and John Gobron, Microsoft, personal communication, 2010.

21. John Baldoni, *Lead Your Boss: The Subtle Art of Managing Up* (New York: Amacom, 2009); John J. Gabarro and John P. Kotter, "Managing Your Boss," *Harvard Business Review*, January 2005; Michael Useem, *Leading Up: How to Lead Your Boss So You Both Win* (New York: Crown Business/Random House, 2002).

22. Bryant, "Google's Quest to Build a Better Boss," *New York Times,* March 12, 2011.

23. Michael Useem, Michael Barriere, and Joseph Ryan, "Looking South to See North: Upward Appraisal of Tangible Leadership," Wharton Center for Leadership and

Change, University of Pennsylvania, 2011.

24. Atul Gawande, *The Checklist Manifesto: How to Get Things Right* (New York: Holt, 2009); Alex B. Haynes et al., "A Surgical Safety Checklist to Reduce Morbidity and Mortality in a Global Population," *New England Journal of Medicine* 360 (2009): 491–99; John D. Brinkmeyer, "Strategies for Improving Surgical Quality—Checklists and Beyond," *New England Journal of Medicine* 363 (2010): 1963–65; Eefje N. de Vries et al., "Effect of a Comprehensive Surgical Safety System on Patient Outcomes," *New England Journal of Medicine* 363 (2010): 1928–37.

25. Jeffrey Pfeffer, Robert I. Sutton, *The Knowing-Doing Gap: How Smart Companies Turn Knowledge into Action* (Cambridge, MA: Harvard Business School Press, 2000).

26. Michael Useem, *The Leadership Moment: Nine True Stories of Triumph and Disaster and Their Lessons for Us All* (New York: Times Books/Random House, 1998).

27. Norman Maclean, *Young Men and Fire* (Chicago: University of Chicago Press, 1993); Useem, *The Leadership Moment*; Michael Useem; "In the Heat of

the Moment: A Case Study in Life-and-Death Decision Making," *Fortune*, June 27, 2005.

28. Useem, *The Leadership Moment*（以及其中引用的部分资料）, Roy Vagelos and Louis Galambos, *Medicine, Science, and Merck* (Cambridge: Cambridge University Press, 2004).

29. William C. Campbell, Nobel Prize in Physiology or Medicine, 2015.

30. This section draws upon Dennis Carey, Brian Dumaine, Michael Useem, and Rodney Zemmel, *Go Long: Why Long-Term Thinking Is Your Best Short-Term Strategy* (Philadelphia: Wharton School Press, 2018).

31. John Chambers, *Connecting the Dots: Lessons for Leadership in a Startup World* (New York: Hachette Books, 2018); Eric Schmidt, Jonathan Rosenberg, and Alan Eagle, *Trillion Dollar Coach: The Leadership Playbook of Silicon Valley's Bill Campbell* (New York: Harper Business, 2019).

32. Michael Useem, "John Chambers: Whether Up or Down, Always Innovating," *U.S. News & World Report*, November 2009; the phrase "touching the void" is

borrowed from Joe Simpson, *Touching the Void: The True Story of One Man's Miraculous Survival* (New York: Perennial, 2004).

33. D. A. Waldman, G. G. Ramirez, R. J. House, and P. Puranan, "Does Leadership Matter? CEO Leadership Attributes and Profitability Under Conditions of Perceived Environmental Uncertainty," *Academy of Management Journal* 44 (2001), 134–43; Alan Berkeley Thomas, "Does Leadership Make a Difference to Organizational Performance?" *Administrative Science Quarterly* 33 (1988): 388–400; Stanley Lieberson and James F. O'Connor, "Leadership and Organizational Performance: A Study of Large Corporations," *American Sociological Review* 37 (1972): 117–30.

34. 我们参考了几方面的资料来源，包括：American International Group, Inc., *2008 Annual Report*; Roddy Boyd, *Fatal Risk*: *A Cautionary Tale of AIG's Corporate Suicide* (Hoboken, NJ: Wiley, 2011); Eric Dickinson, "Credit Default Swaps: So Dear to Us, So Dangerous," Social Science Research Network, November 20, 2008; Eric Dinallo, Testimony to the U.S. Senate Committee on Banking, Housing, and Urban Affairs, March 5,

2009; Donald L. Kohn, Statement to the U.S. Senate Committee on Banking, Housing, and Urban Affairs, March 5, 2009; Ben Levisohn, "AIG's CDS Hoard: The Great Unraveling," *Business Week Online*, April 7, 2009; Steve Lohr, "In Modeling Risk, the Human Factor Was Left Out," *New York Times*, November 5, 2008; Nell Minow, Testimony to the U.S. House of Representatives Committee on Oversight and Government Reform, October 7, 2008; Carrick Mollenkamp, Serena Ng, Liam Pleven, and Randall Smith, "Behind AIG's Fall, Risk Models Failed to Pass Real-World Test," *Wall Street Journal,* October 31, 2008; Gretchen Morgenson, "Behind Insurer's Crisis, Blind Eye to a Web of Risk," *New York Times*, September 28, 2008; Scott M. Polakoff, Statement to the U.S. Senate Committee on Banking, Housing, and Urban Affairs, March 5, 2009; William K. Sjostrom Jr., "The AIG Bailout," *Washington and Lee Law Review* 66 (2009): 943–991; and Gillian Tett, F*ool's Gold: How Unrestrained Greed Corrupted a Dream, Shattered Markets, and Unleashed a Catastrophe* (New York: Little, Brown, 2009).

35. Morgenson, "Behind Insurer's Crisis, Blind Eye to a Web

of Risk."

36. Levisohn, "AIG's CDS Hoard: The Great Unraveling."

37. Morgenson, "Behind Insurer's Crisis, Blind Eye to a Web of Risk"; Minow, Testimony to the U.S. House of Representatives Committee on Oversight and Government Reform, 2008.

38. Polakoff, Statement to the U.S. Senate Committee on Banking, Housing, and Urban Affairs, 2009.

39. Itzhak Ben-David, John R. Graham, and Campbell R. Harvey, "Managerial Overconfidence and Corporate Policies," Social Science Research Network, 2021; Anand M. Goel and Anjan V. Thakor, "Overconfidence, CEO Selection, and Corporate Governance," *Journal of Finance* 63 (2008): 2737–84; Haim Mano, "Risk-Taking, Framing Effects, and Affect," *Organizational Behavior and Human Decision Processes* 57 (1994): 38–58; William F. Wright, "Mood Effects on Subjective Probability Assessment," *Organizational Behavior and Human Decision Processes* 52 (1992): 276–91.

40. Useem, *The Leadership Moment*; for useful illustrations of learning leadership from leaders' failures, not just

exemplary behavior, 从失败案例而不仅是成功案例中吸取领导力的经验教训，请参见：*Harvard Business Review*, "The Failure Issue: How to Understand It, Learn from It, and Recover from It," April 2011; Sydney Finkelstein, *Why Smart Executives Fail and What You Can Learn from Their Mistakes*, (New York: Portfolio, 2003); Tim Irwin, *Derailed: Five Lessons Learned from Catastrophic Failures of Leadership* (New York: Thomas Nelson, 2009); Robert E. Mittelstaedt Jr., *Will Your Next Mistake Be Fatal? Avoiding the Chain of Mistakes That Can Destroy Your Organization* (New York: Pearson, 2004); Jeffrey Sonnenfeld and Andrew Ward, *Firing Back: How Great Leaders Rebound from Career Decisions* (Cambridge, MA: Harvard Business Press, 2007).

41. Jonathan Franklin, *33 Men: Inside the Miraculous Survival and Dramatic Rescue of the Chilean Miners* (New York: Putnam, 2011); Rodrigo Jordán, Matko Koljatic, and Michael Useem, "Leading the Rescue of the Miners in Chile," Wharton School, Business Case, 2011; Michael Useem, Rodrigo Jordán, and Matko Koljatic, "33 Below: Learning Crisis Leadership and General Management from the Rescue of the Miners in Chile," Wharton Center

for Leadership, University of Pennsylvania, 2011. 改编自沃顿知识在线（*Knowledge@Wharton*）采访，首次发表时间：2011 年 6 月 22 日。

42. 我们参考了大量针对救援行动的媒体报道以及对救援负责人和救援队成员的个人采访：René Aguilar, head of safety, El Teniente mine, Codelco (National Copper Corporation of Chile), and deputy chief on rescue site, December 22, 2010; Cristián Barra, cabinet chief, Ministry of the Interior, Republic of Chile, January 5, 2010; Laurence Golborne, mining minister, Republic of Chile, November 1, 2010; Luz Granier, chief of staff to the mining minister, November 1, 2010; and André Sougarret, manager, El Teniente mine, Codelco, and chief engineer on rescue site, January 5, 2010.

43. 关于救援的案例：Rodrigo Jordán, Matko Koljatic, and Michael Useem, "Leading the Rescue of the Miners in Chile," Wharton School, Business Case, 2011. 关于救援的特别展览：*Against All Odds: Rescue at the Chilean Mine*, Smithsonian Institution and the Embassy of Chile at the National Museum of Natural History in Washington, DC, in August 2011. 关于全面分析劳伦斯·戈尔本领导力的文章，请参见：Michael Useem, Rodrigo Jordán, and

Matko Koljatic, "33 Below: Learning Crisis Leadership from the Rescue of the Miners in Chile," *MIT Sloan Management Review* (Fall 2011); "Rescue of the 33 Miners: An Interview with Chile's Mining Minister Laurence Golborne," interview with Michael Useem, June 22, 2011.

44. Helene Cooper, "Medal of Honor for Bravery in Afghanistan," *New York Times*, November 16, 2011.

45. British Petroleum, *Deepwater Horizon: Accident Investigation Report*, September 8, 2010; National Commission on the BP Deepwater Horizon Oil Spill and Offshore Drilling, *Deep Water: The Gulf Oil Disaster and the Future of Offshore Drilling*, January 11, 2011; Michael Lewis, The Big Short: Inside the Doomsday Machine (New York: Norton, 2011); Andrew Ross Sorkin, *Too Big to Fail: The Inside Story of How Wall Street and Washington Fought to Save the Financial System—and Themselves* (New York: Viking Press, 2009); Bethany McLean and Joe Nocera, *All the Devils Are Here: The Hidden History of the Financial Crisis* (New York: Portfolio, 2010).

46. Peter Elkind and Jennifer Reingold with Doris Burke, "Inside Pfizer's Palace Coup," *Fortune*, August 15, 2011.

47. Gerald F. Davis, *Managed by the Markets: How Finance Re-Shaped America* (Oxford: Oxford University Press, 2009); Bill McNabb, Ram Charan, and Dennis Carey, *Talent, Strategy and Risk* (Cambridge, MA: Harvard Business Review Press, 2021); Michael Useem, *Investor Capitalism: How Money Managers Are Changing the Face of Corporate America* (New York: Basic Books/HarperCollins, 1996); Michael Useem, "Corporate Leadership in a Globalizing Equity Market," *Academy of Management Executive* 12 (1998): 43–59.

48. Michael Useem, "The Business of Employment: Time to Revise Investor Capitalism's Mantra," On Leadership, *Washington Post*, August 9, 2011.

49. 9/11: *The Filmmakers' Commemorative Edition*, directed by Gedeon Naudet, James Hanlon, and Jules Naudet, Paramount (2002).

50. Adam Goodheart, *1861: The Civil War Awakening* (New York: Knopf, 2011); Drew Gilpin Faust, *This Republic of Suffering: Death and the American Civil War* (New York:

Knopf, 2008).

51. Joshua Lawrence Chamberlain, *Passing of the Armies: The Last Campaign of the Armies* (Gettysburg, PA: Stan Clark Military Books, 1994), 261.

52. Chamberlain, *Passing of the Armies*; Douglas Southall Freeman, *Lee's Lieutenants: A Study in Command*, abridged in one volume by Stephen W. Sears (New York: Scribners, 1998); William Marvel, *Lee's Last Retreat: The Flight to Appomattox* (Durham, NC: University of North Carolina Press, 2002); Alice Rains Trulock, *In the Hands of Providence: Joshua L. Chamberlain and the American Civil War* (Durham, NC: University of North Carolina Press, 1992); Jay Winik, April 1865: *The Month That Saved America* (New York: HarperCollins, 2001).

53. Useem, *The Edge*.

54. Martine Haas and Mark Mortensen, "The Secrets of Great Teamwork," *Harvard Business Review*, June 2016.

55. Michael Useem, "Making Better Choices," *Financial Times*, March 31, 2006.

56. Stanley McChrystal with Tantum Collins, David Silverman, and Chris Fussell, *Team of Teams: New*

Rules of Engagement for a Complex World (New York: Portfolio/Penguin, 2015).

57. Ram Charan, Dennis Carey, and Michael Useem, *Boards That Lead* (Cambridge, MA: Harvard Business Press, 2014).

58. Harbir Singh and Michael Useem, *The Strategic Leader's Roadmap* (Philadelphia: Wharton School Press, 2021).

59. Ira M. Millstein, *The Activist Director* (New York: Columbia Business School Publishing, 2016).

60. Cappelli, H. Singh, J. Singh, and Useem, *The India Way;* PricewaterhouseCoopers, *PwC's 2020 Annual Corporate Directors Survey*.

61. Howard Kunreuther and Michael Useem, *Mastering Catastrophic Risk* (New York: Oxford University Press, 2020).

62. Michael Useem, *Investor Capitalism* (New York: Basic Books, 1996).

63. Useem, Singh, Liang, and Cappelli, *Fortune Makers*.

64. Michael Useem and Neng Liang, "Globalizing the Company Board: Lessons from China's Lenovo," in

Leading Corporate Boardrooms: The New Realities, the New Rules, edited by Jay Conger (San Francisco: Jossey-Bass, 2009).

致 谢

感谢以下组织,这些组织包括雅培公司（Abbott Laboratories,医疗健康公司）、埃森哲公司（Accenture）、美国自动数据处理公司（ADP）、美国运通公司、安进公司（Amgen,生物医药公司）、伯克希尔合伙公司（Berkshire Partners）、加拿大帝国商业银行（Canadian Imperial Bank of Commerce）、美国嘉吉公司（Cargill,动物营养品和农产品制造商）、首席执行官学院（CEO Academy）、花旗集团、思科公司、中信银行、可口可乐公司、哥伦比亚能源集团（Columbia Energy）、康卡斯特公司（Comcast,通信服务供应商）、美国计算机科学公司（Computer Sciences Corporation）、戴姆勒公司（Daimler,汽车制造商）、德勤会计师事务所（Deloitte）、美国杜邦公司、安特吉公司（Entergy，电力公司）、礼来公司（Eli Lilly，制药公司）、雅诗兰黛集团、联邦行政研究院（Federal Executive Institute）、富达投资集团（Fidelity Investments）、葛兰素史克公司（GlaxoSmithKline，制药公司）、高盛集团、谷歌公司、西班牙国际银行（智利）、哈特福德保险公司（Hartford Insurance）、赫斯特公司（Hearst，化工公司）、惠普公司、HSM公司（机械设备制造商）、国际商业机器公司（IBM）、印度工业信贷投资银行（ICICI Bank）、英特尔公司、强生集团、金佰利公司（Kimberly-Clark，健康卫生护理公司）、毕马威会计师事务所、利宝互助保险公司（Liberty Mutual Insurance）、朗讯科技公司（Lucent Technologies）、万通公司（MassMutual，保险公司）、万事达公司、麦格劳－希尔集团（McGraw-Hill，出版传媒公司）、美敦力公司（Medtronic，医疗科技公司）、默克公司

致谢

（Merck，生命科学公司）、微软公司、美利肯公司（Milliken，私人纺织品和化工产品制造商）、摩根士丹利公司、摩托罗拉公司、美国职业橄榄球大联盟（NFL）、纽约市消防局、纽约时报公司（New York Times Company）、诺基亚公司、诺斯洛普·格鲁门公司（Northrop Grumman，军工生产厂商）、诺华公司（Novartis，制药公司）、美国潘世奇物流公司（Penske）、巴西国家石油公司［Petrobras (Brazil)］、皮尤慈善信托基金会（Pew Charitable Trusts）、普华永道会计师事务所、美国前进保险公司（Progressive Insurance）、雷神公司（Raytheon，军工制造商）、三星集团、中国证券业协会、西门子公司、新加坡总医院（Singapore General Hospital）、斯普林特公司（Sprint，通信公司）、斯瑞康姆公司（3Com，设备供应商）、汤姆森金融公司（Thomson Financial）、丰田汽车公司、旅行者集团（Travelers，保险公司）、威瑞森通信公司（Verizon）、联合健康集团（United Healthcare）、联合技术公司（United Technologies Corporation）、联合国开发计划署（UN Development Programme）、美国司法部、美国退伍军人事务部、美国海军陆战队、美国军事学院（US Military Academy）和世界经济论坛。另外，每年我都会在沃顿商学院的工商管理硕士课程中与100名至220名学生一起研究如何提升领导力。